대한민국 빈부 리포트

절대 빈곤층과 상위 1%, 두 국민의 이야기

이 도서의 국립중앙도서관 출판예정도서목록(CIP)은 서지정보유통지원시스템 홈페이지(http://seoji.nl.go.kr)와 국가자료공동목록시스템(http://www.nl.go.kr/kolisnet)에서 이용하실 수 있습니다. (CIP제어번호 : CIP2015033696)

대한민국 빈부 리포트

절대 빈곤층과 상위 1%, 두 국민의 이야기

| 서울신문 특별기획팀 김상연·이두걸·유대근·송수연 지음 |

한울

글을 시작하며

지난해 프랑스 경제학자 토마 피케티Thomas Piketty의 『21세기 자본』을 읽는 내내 떠나지 않는 궁금증이 있었다. 우리나라의 빈부 격차 실상은 어떨까 하는 것이었다. 어디선가 사명감으로 충만한 기자가 홀연히 나타나 수치상의 격차가 아니라 실생활의 차이가 어떤 지경인지를 샅샅이 파헤쳐줬으면 하는 마음이었다(이건 게으른 기자들의 공통된 도둑놈 심보다). 그런데 정치부에 코를 박고 있던 내가 느닷없이 특별기획팀장으로 발령 나면서 나의 도둑놈 심보는 보기 좋게 일격을 맞게 된다. '특별한 것이라면 무엇이든 기획할 수 있는' 팀을 책임지게 된 나는 첫 번째 기획 아이템으로 큰 고민 없이 피케티를 떠올렸고, 마치 예정돼 있던 운명처럼 '대한민국 빈부 리포트'(2015년 1월부터 3월까지 총 14회 《서울신문》 보도)가 탄생했다.

처음 빈부 격차를 다룬 기사를 기획하겠다고 했을 때 사내 일각에서는 "빈부 격차 문제가 어제오늘 일도 아니고 다 알고 있는 뻔한 내용일 텐데 뭘 새삼스럽게 끄집어내려고 하느냐"라는 회의적인 반응도 있었다. 하지만 나는 생각이 달랐다. 과연 우리는 빈부 격차의 실상을 제대로 알고 있는 걸까? 20년에 가까운 나의 취재 경험에 비춰보면, 취재를 통해 막상 드러난 실상은 예단을 뛰어넘기 일쑤였다.

취재를 시작하자 역시 실상은 예상을 따돌렸다. '상위 1% 부유층의 1년 과외비 5억 원', '열 살에 한글 깨치는 절대 빈곤층 아이들' 등과 같이, 취재 결과로 드러난 빈부의 실상은 상상을 초월했다.

우리는 어떤 결론이나 지향점을 미리 정해놓지 않고 날것 그대로의 팩트를 취재하기로 했다. 최종 기획안을 미리 확정 짓지 않고 중간중간 취재 결과를 보면서 보도를 이어가는 형식은 언론 기획 보도 역사상 이번 빈부 리포트가 처음이지 않을까 싶다. 그만큼 우리는 기존 빈부 기사의 복사판이 되는 것을 경계했다. 뭔가 새로운, 우리도 알지 못하는 결과나 결론이 나오기를 바랐다.

매 회 기자의 의견이나 분석, 전문가 진단 등을 곁들이지 않고 팩트만 보도한 것 역시, 조금이라도 다른 접근을 해보고 싶은 욕구에서 비롯된 것이었다. 기자나 전문가가 처음부터 의견을 제시했을 때 기획의 결론과 방향성이 미리 설정될 것을 우려했다. 계몽주의적인 언론의 허세를 벗어던지고 겸손하게 팩트를 제시함으로써 독자 스스로 판단할 수 있도록 하고 싶었다. 그래서 기자의 분석과 전문가 진단을 기획의 맨 후순위로 뺀 것이다.

　본격적인 팩트 보도에 앞서 프롤로그 형식으로 두 명의 기자가 각각 절대 빈곤층과 부유층의 삶을 체험한 것도 이번 기획에 대한 우리의 남다른 자세를 보여준다고 자부한다. 전화를 돌리거나 사람을 직접 만나 들은 내용을 토대로 기사를 쓰는 전통적인 방식에서 벗어나 독자를 대신해 부자와 빈자의 삶을 직접 살아본 뒤 기사 형식으로 소개하는 것도 의미가 있다고 생각했다. 물론 고작 하루 동안의 거지 체험과 특급 호텔 스위트룸 체험으로 빈부를 오롯이 체험했다고 할 수는 없을 것이다. 하지만 역시 막상 체험을 해보니 예상을 뛰어넘는 것들을 알게 됐다는 게 체험 기자들의 고백이다. 기획 마지막 회에 빈자와 부자가 대담하는 자리를 마련한 것 역시 뭔가 차원이 다른 결과를 얻어보고 싶은 욕심의 발로였다.

반응은 가히 폭발적이었다. 첫 보도가 나간 뒤 빗발친 사내외 반응은 대체로 "충격적이다"라는 것이었다. 독자는 물론, 일면식도 없던 언론 단체 관계자와 연락이 끊겼던 다른 언론사 기자들, 취재원들로부터 격려가 쏟아졌다. 예상을 초월하는 호응에 우리도 충격을 받았다. 우리가 사고를 친 게 분명했다.

나는 이번 빈부 리포트 보도에서 아이디어를 제시하고 전체적인 기획의 틀을 짜면서 방향을 잡아나가는 역할을 했을 뿐, 실질적인 취재는 서울신문에서 가장 유능한 기자로 꼽히는 세 명의 후배들이 했다. 이두걸 기자는 광범위한 인맥을 토대로 한계를 뛰어넘는 놀라운 취재력을 보여줬고, 해박한 경제적 식견으로 빈부 격차의 현주소를 심층 분석했다. 열정과 성실함의 대명사인 유대근 기자는 기획의 고비마다 기대 이상의 취재력으로 우리를 든든하게 했으며, 내가 후배에게 거지 체험을 시키는 게 몹쓸 짓 같아 주저하고 있을 때 용기 있게 자원해 감동을 줬다. 송수연 기자는 독자들에게 거부감을 줄 우려가 있어 선뜻 나서기 힘들 법한 부유층 체험을 기꺼이, 그리고 철저하게 수행하는 프로의식을 보여줬고, 세심하고 완벽주의적인 팩트 취재로 선배들을 경각시켰다.

'린다 김 사건' 사진 특종으로 유명한 사진부의 도준석 기자는 무無에서 유有를 창조해야 하는 이번 기획의 열악함에도 불구하고 예술작품이라고 해도 손색이 없는 사진 촬영으로 기획을 빛냈다. 편집부의 '에이스'들인 강동삼 기자, 조두천 기자, 박지연 기자, 신혜원 기자와 얼굴을 붉히며 주고받던 난상 토론도 지금에 와서는 그립다. 2등은 용납하지 않는 자존심과 그 자존심보다 훨씬 더 큰 실력으로 무장한 그들은 결국 내 요구보다 더 파격적인 편집으로 내게 앙갚음을 했다. 난생처음 보는 기획을 해보겠다며 좌충우돌하는 우리를 믿고 파격을 수용해준 오승호 편집국장의 리더십에도 경의를 표한다.

한번 보도하고 나면 역사 속에 파묻히고 마는 일간지의 운명을 가엾게 여겨 책으로 엮어보자고 제안해준 한울의 김태현 선생님이 없었다면 이 책은 세상에 나오지 못했을 것이다. 출판 역사상 가장 게으른 저자들임이 분명한 우리를 살살 달래가며 책을 완성한 한울의 허유진 선생님의 인내심에도 고개가 숙여진다.

개인적으로 이 기획을 보도하면서 잠시 병원 응급실 신세를 졌다. 살을 에는 혹한의 날씨에 유대근 기자의 노상 거지 체험을 먼발치에서 가슴 졸이며 지켜본 날이었다. 성공이 보장되지 않은 기획의 책임자로서 나도 모르게 큰 스트레스를 받은 모양이었다. 이두걸 기자, 유대근 기자, 송수연 기자 역시 난생처음 가는 길을 가느라 몸도 마음도 탈진했다. 이제 와서 말할 수 있지만, 우리가 그토록 혼을 바친 기사였기에 독자들이 감동했다고 생각한다. 이 책에 있는 내용 한 줄 한 줄은 모두 우리 기자들이 혼과 열정으로 취재한 것이다. 프라이버시를 보호하기 위해 익명으로 표시했지만, 작은 팩트 하나라도 우리의 양심을 걸고 기사를 썼으며 데스킹 과정에서 몇 번이고 확인에 확인을 거듭한 팩트의 결정체라는 점을 분명히 밝혀둔다.

언젠가 어느 소설가가 "책이 내 손을 떠나 출판되면 그 책은 이미 내 것이 아니라 독자들의 것이다"라고 말한 적이 있는데, 지금 책을 내는 입장이 되고 보니 그의 말을 이해하게 된다. 이제 이 책은 독자들의 것이지만, 한 가지 소박한 바람이 있다면 내가 피케티의 책을 읽고 이 빈부 리포트를 구상했듯이 누군가 이 책을 보고 세상을 놀라게 할 작품을 떠올렸으면 하는 것이다.

2015년 겨울 광화문에서

김상연(서울신문 정치부 차장, 전 특별기획팀장)

기자, 거지 되다 貧

12시간의 구걸, 1만 3110원

구걸도 부지런해야 했다. 새벽의 어둠이 가시지 않은 2014년 12월 16일 오전 6시, 서울 종로구 J교회 안. 80평쯤 돼 보이는 지하 1층 식당은 노숙인 150여 명과 성직자 10여 명, 그리고 자원봉사자로 가득 찼다. 영하 9도까지 떨어진 겨울밤을 지하철 역사나 PC방, 만화방 등지에서 보낸 노숙인들은 밥과 국으로 구색을 갖춘 아침상을 찾아 이곳으로 몰려왔다. 말쑥한 정장 차림으로 노숙인들 앞에 선 40대 목사는 '하나님의 은혜'를 설교했다. 자신감 넘치는 목사의 목소리와 초점 없는 노숙인들의 눈빛이 묘한 대비를 이뤘다. 걸인 행색을 하고 무채색 걸인 무리에 섞인 나도 왠지 모를 멍함을 느꼈다.

30분간의 예배가 끝나자 중년의 봉사자들이 음식을 날랐다. 고기 몇 점이 들어간 육개장과 쌀밥, 배추김치. 국물이 뜨거워 목구멍으로 넘

2014년 12월 16일 서울신문 특별기획팀 유대근 기자가 지하철 4호선 서울역 부근(왼쪽)과 서울 서대문구(오른쪽) 일대에서 걸인 체험을 했다.

기기 힘들었다. 하지만 노숙인들은 달랐다. 쫓기듯 숟가락을 입안으로 밀어 넣었다. 식당 한편에 있는 구형 라디오에서는 찬송가가 흘러나오고 있었다. 식사를 마친 몇몇 노숙인은 자판기에서 300원짜리 '디럭스 커피'를 뽑아 마시는 '호사'를 누리고 있었다. 반면 다른 몇몇은 "20분쯤 떨어진 곳에 100원짜리 커피 자판기가 있다"며 유혹을 애써 참는 모습이었다.

배를 채운 노숙인들은 급히 교회를 빠져나갔다. 하루를 날 '생활비'를 벌어야 하기 때문이다. 밥과 달리 담배 한 갑, 소주 한 병은 공짜로 얻을 수 없기에 몇천 원이 필요했다. '짤짤이'를 반나절 도는 게 그들의 벌이 수단이었다. '짤짤이'는 교회나 성당, 사찰 등을 돌며 구걸하는 일을 말하는데, 받은 동전이 주머니 속에서 '짤짤'거린다고 해서 붙여진 이름이라는 게 걸인들의 설명이다. 종교 기관이 적선하는 요일과 시간이 정해져 있기 때문에 서둘러 가야만 단 몇 푼이라도 받을 수 있다고 했다. '짤짤이 순례길'이 소문나면 손에 쥘 수 있는 적선금이 줄어들기에 걸인들은 자기들끼리도 정보를 공유하지 않으려 했다. 다행히 이날

만난 걸인 K(60세) 씨의 호의로 서대문과 마포 일대 코스를 함께 돌 수 있었다.

오전 7시 45분 지하철을 타고 신촌역으로 이동한 나는 K 씨의 꽁무니를 따라 첫 목적지인 A 성당으로 향했다. 날이 밝아 보호색 같던 어둠이 사라지자 발가벗겨진 느낌이 들었다. 성당에 도착하니 50대 남성이 사무실 창문을 열었다. 나는 길게 늘어선 10여 명의 걸인 사이에 섰다. 남성은 무표정한 얼굴로 내 손바닥에 500원을 떨궜다. 수치심보다는 뿌듯함이 마음을 채웠다. 묘하게도 다른 모든 감정보다 돈을 벌었다는 생각이 우선한 것이다. B 교회에서는 중년 여성이 500원을 건네며 오히려 "감사하다"고 말했다. '고맙다'고 화답하고 싶었지만 이상하게 입이 떨어지지 않았다. 호의에 감사를 표하는 데는 상당한 용기와 자존감이 필요했다. C 교회는 돈 대신 780원짜리 라면 한 봉지를 건넸다. 걸인들은 걷다가 길에 버려진 담뱃갑을 보면 반드시 뚜껑을 들춰 안을 확인했다. K 씨는 "성당에서 500원을 받을 때보다 버려진 담뱃갑에서 담배 한 개비를 발견했을 때의 짜릿함이 더 크다"고 말하며 웃었다. 걸인 중 더러는 골목 쓰레기통을 뒤지기도 했다.

정해진 시간에 맞게 종교 시설에 도착해야 하기에 걸인들은 얼어붙은 길바닥을 뛰듯 걸었고, 그들을 따라붙는 내 속옷에는 땀이 뱄다. 내가 밑바닥 체험을 하겠다고 했을 때, 주변에서 누군가는 조소했고 누군가는 걱정했다. 하지만 정작 겪어본 구걸은 웃음거리도, 두려움의 대상도 아니었다. 보통의 생계가 그렇듯 구걸도 고단할 뿐이었다.

오전 네 시간 동안 교회와 성당 일곱 곳을 돌며 10킬로미터 남짓 걸은 결과, 주머니 속에 3300원이 들어왔다. 시급으로 치면 825원. 최저임금(2014년 기준 5210원)의 6분의 1도 채 안 되는 액수였다. 디스플러스(2200원) 한 갑 반, 소주 처음처럼(1500원) 두 병……. 머리는 이미 노동의 가치를 현물로 환산해보고 있었다. 영수증조차 확인하지 않고 마시던 4100원짜리 아메리카노 한 잔이 얼마나 큰 사치였던가. 고작 몇천 원 벌자고 이 고생을 하나 싶었다. K 씨에게 "거리에서 행인들에게 구걸하는 게 더 쉽지 않느냐"고 물었다. 그는 "아무나 붙잡고 돈을 달라고 하니 부지런히 발품 파는 편이 낫지. 그게 마지막 자존심이야"라고 답했다.

낮 12시쯤 지하철을 타고 서울역으로 이동했다. 역사 근처에 광고 전단지를 나눠 주는 중년 여성이 여럿 있었지만 내게는 건네지 않았다. 떡진(?) 머리와 검댕칠을 한 얼굴, 해진 트레이닝복까지 영락없는 걸인으로 위장한 나를 잠재적 고객에서 탈락시킨 것 같았다. 괜한 박탈감을 느끼며 인근 편의점에 들어가 800원짜리 컵라면으로 배를 채웠다.

오후에는 구걸을 할 요량이었다. K 씨의 표현대로라면 마지막 자존심조차 버리는 일이었다. 오후 2시, 지하철 4호선 서울역 4번 출구 앞. 한파에 발걸음을 재촉하는 인파 속에서 나는 맨바닥에 주저앉아 몸을 굽혔다. "몸이 아프고 배가 고픕니다. 도와주세요." 머리맡에는 읍소의 문구가 담긴 종이와 함께 돈 통을 놓아두었다. 유난히 추웠던 이날의 칼바람은 자비가 없었다. 맨바닥과 맞댄 손바닥이며 팔꿈치, 무릎에 한기가 스며들어 뼛속까지 시렸다. 물리적 고통보다 정신적 수치심이 더 클 것이라는 예상은 단 몇 분 만에 여지없이 무너졌다.

20분쯤 흘렀을까. 처음으로 '툭' 하는 소리가 들렸다. 고개를 급히 들어보니 돈 통에 300원이 놓여 있었다. 모자를 눌러쓴 한 중년 남성의 뒷모습이 보였다. 가난한 행색이었다. 약간의 당혹감과 함께 신기하고 고마운 마음이 들었다. 얼마 지나지 않아 엄한 목소리가 들렸다. "아저씨, 추운데 여기서 이러시면 안 돼요." 40대 경찰이 서 있었다. 그는 "구걸은 경범죄법 위반이다. 젊은 사람이 이러면 되겠느냐"고 타박했다. 그는 내 신분증을 받아 무전으로 신원 조회를 하더니 주의를 주고는 사라졌다.

한 시간쯤 지나 지하철로 통하는 계단으로 이동해 구걸을 계속했다. 약 15분쯤 간격으로 돈 통에 동전이 쌓여갔다. 고개를 숙이니 청각이 예민해졌다. 발걸음 소리에 온 신경이 쏠렸다. 몇 번의 경험을 통해 인정을 베푸는 쪽은 주로 남루한 행색의 행인과 여성이라는 걸 배웠다. 사실 부끄러움은 생각보다 크지 않았다. 고개를 푹 숙인 탓에 연민의 시선이 보이지 않았기 때문일 것이다. 하지만 문득 고개를 들다 또래인 30대 여성과 눈이 마주쳤을 땐 달랐다. 찰나의 순간 꽤 많은 정보가 눈에서 눈으로 오갔다. 두려움과 동정, 멸시의 신호를 받았고 굴욕감, 비루함 따위의 신호를 받은 것 같다.

몇 푼의 돈보다 힘이 된 건 따뜻한 말들이었다. 한 20대 여성은 쭈그려 앉은 나와 눈높이를 맞추며 과일 음료와 핫팩을 건넸고 "추우실 텐데 힘내라"라는 말을 덧붙였다. "추워서 어쩌냐"며 1000원짜리를 건넨 50대 주부와 등을 두드려주고 간 백발 노신사의 격려도 위안이 됐다. 시간이 흐를수록 부끄러움조차 익숙해졌다.

어둑해질 때쯤 고개를 들었다. 오후 6시였다. 약 네 시간 동안 돈 통에 쌓인 행인 14명의 동정심은 9810원이었다. 그 상황에서도 1만 원을 채워보고 싶은 욕심이 고개를 쳐들었다. 행인을 붙잡고 구걸해볼 요량으로 역전을 헤맸지만 끝내 하지 못했다. K 씨가 말했던 '자존심'이라는 단어가 내 발목을 잡은 듯했다. 이날 12시간 동안 걸인 행색으로 적선받은 돈은 총 1만 3110원이었다. 그 돈을 구세군 냄비에 넣은 뒤 집에 도착하자마자 옷을 벗어던지고 욕실로 들어갔다. 샤워기 온수가 벗겨낸 얼굴의 검정물이 발등으로 떨어졌다.

기자, 부자 되다 富

하룻밤의 특권, 323만 원

"체크인(숙박 등록) 도와 드릴까요, 손님."

운동장만큼 널찍한 호텔 로비에 여행용 가방을 끌고 들어선 내가 프런트 데스크를 찾지 못하고 두리번거리자 말쑥한 양복 차림의 남성이 다가와 물었다. 들고 있던 수첩에서 내 이름을 확인한 그는 "23층 라운지에서 체크인을 도와드리겠습니다"라는 말과 함께 엘리베이터 쪽으로 안내했다. 동시에 어디선가 전광석화처럼 나타난 벨맨이 내 가방을 넘겨받아 끌었다. 두 남자는 보이지 않는 쌍두마차에 나를 태운 듯 극진히 선도했다. 방금 전까지 지하철과 셔틀버스를 번갈아 타고 호텔에 도착한 나의 '페르소나persona'는 어느새 하룻밤에 몇백만 원쯤 기꺼이 소비할 의향이 있는 부유층으로 변모해 있었다. 시계는 2014년 12월 16일 오후 3시를 가리키고 있었다.

스위트룸 투숙객 전용인 듯한 23층 프런트 데스크에 도착한 나는 최대한 여유 있는 몸짓으로 신용카드를 꺼냈다. 그런데 직원은 카드를 받는 대신 바로 옆 라운지로 나를 안내하더니 소파에 앉혔다. 그러고는 이름과 주소 등 투숙객 신상 명세를 적는 용지를 가져왔고 그제야 내 카드를 가져갔다. 이어 직원은 거의 무릎을 꿇은 공손한 자세로 두 차례의 식사와 간식이 무료 제공(2인 기준)된다는 사실을 알려줬다.

내가 묵을 스위트룸(20층)은 전망을 최대한 넓은 각으로 확보할 수 있는 복도 맨 끝 모서리 부분에 있었다. 국내 최고급인 이 호텔에 있는 스위트룸 일곱 개 등급 중 네 번째로 비싼 방이었다. 문을 열고 들어가 벽에 카드형 열쇠를 꽂자 어둠에 덮여 있던 실내 전등들이 일제히 켜졌고, 그와 동시에 커튼들이 자동으로 드르륵 올라가면서 대형 유리창으로 아름다운 바깥 전경이 순식간에 펼쳐졌다. 패브릭 소파와 테이블, 책상이 놓인 거실과 킹사이즈 침대가 있는 침실은 물론, 욕실에도 대형 유리창이 있었다. 스위트룸 전체가 '시선(전망)은 권력'이라고 웅변하는 듯했다. 인테리어는 휘황찬란한 중세풍일 것이라는 예상과 달리 단순하고 현대적인 분위기를 풍겼다. 가구는 미국 출신의 세계적인 호텔 디자이너 피터 리미디오스Peter Remedios의 디자인에 따라 침대부터 소파까지 모두 맞춤 제작된 것이라고 했다.

미니바에는 한 뼘 크기의 200밀리리터 조니워커 블루라벨(27만 5000원)을 포함해, 미니어처 양주 아홉 가지와 와인 다섯 가지, 콜라(5500원), 에비앙 생수(9900원), 맥주, 스낵 등이 비치돼 있었다. 나는 호텔

측이 무료로 제공하는 생수 두 통만 마시겠다고 결심했다. 침실 한쪽에는 전신 거울과 함께 옷 수십 벌을 수납할 수 있는 드레스룸이 있었고, 침대 맞은편 벽에는 65인치 첨단 플랫형 TV가 걸려 있었다. 이 스위트룸은 20평 아파트 크기였지만 화장실은 두 곳이 있었다. 게다가 화장실에는 카페처럼 고급스럽고 은은한 조명이 켜져 있었고 변기는 벽에 붙은 전자식 버튼으로 작동하도록 되어 있었다.

오후 4시에는 3층에 있는 프랑스 유명 브랜드 스파에 갔다. 장장 네 시간 반 동안 받는 얼굴 및 보디(몸)마사지는 79만 2000원, 두 시간짜리 얼굴 마사지는 36만 3000원이었다. 나는 한 시간 코스의 18만 1500원짜리 보디마사지를 이틀 전에 예약해놓았다. 은은한 조명이 깔린 입구를 지나 대기실 쪽으로 가자 메이크업룸이 보였는데 스킨, 로션은 물론 50여 종의 립스틱과 향수가 비치돼 있어 백화점 매장을 방불케 했다. 직원은 내게 긴장 완화, 피부 활력, 휴식 등 세 종류의 마사지 중 하나와 마사지 방에 뿌릴 향수 두 종류(민트향, 장미향) 중 하나를 선택하도록 했다. 나는 가운으로 갈아입은 뒤 통유리 벽 너머로 수목 정원이 보이는 족욕실로 이동했다. 직원은 내게 독일의 명품 차 브랜드인 로네펠트 차 메뉴를 보여주면서 족욕 중에 마실 차와 보디마사지 후에 마실 차를 고르도록 했다. 안락으로 이르는 길엔 고민스러운 선택의 관문이 많았다. 15분간의 족욕이 끝난 뒤 개별 마사지룸으로 이동해 30대 초반 여직원(마사지 전문 치료사)에게 머리부터 발끝까지 마사지를 받았다. 평일 낮에 거금을 치르고 마사지를 즐기는 젊은 여자라니

2014년 12월 16일 서울신문 특별기획팀 송수연 기자가 서울 시내 특급 호텔에서 부유층 체험에 나섰다.

……. 이 직원은 내 신분을 무엇으로 짐작할까. 마사지 후 옷을 갈아입고 대기실에 앉아 있으니 직원이 족욕 전에 미리 선택한 차와 함께 계산서를 가져다줬다.

오후 7시 저녁을 먹으러 라운지로 다시 올라갔다. 803제곱미터(243평) 규모의 펜트하우스 콘셉트로 꾸며진 스위트룸 투숙객 전용 공간이었다. 테이블끼리 적당히 떨어져 있었고 중간중간 벽 대신 책장으로 '파티션'을 해놓았다. 옆 테이블의 대화 소리는 들리되 대화 내용은 들리지 않는 절묘한 간격이었다. 식사 중인 10여 명의 손님은 40대 이상 중년층과 노년층이 대부분으로 소란스러운 언행을 하는 사람은 전무했다. 내 눈에 그들은 '우리끼리는 같은 부류'라는 동질감을 형성하고 있는 것처럼 비쳤다. 뷔페식으로 호주산 안심, 대게 샐러드와 디저트까지 30여 종이 차려져 있었는데 대체로 깔끔한 맛이었다. 무한정 마실 수 있는 와인도 칠레산 카베르네 소비뇽을 비롯해 다섯 종류가 있었다. 누구의 방해도 받지 않고 클래식 음악이 잔잔히 깔리는 식탁에 앉아 와인잔을 기울이며 숨 막힐 듯 눈부신 남산의 야경을 바라보고 있자니 문득 이 순간이 너무 완벽해서 비현실적이라는 생각이 들었다. 식사 후 라이브 밴드의 연주가 흐르는 1층 오픈 바로 내려와 칵테일(모히토) 한 잔을 주문했다. 2만 5000원이었다.

자정쯤 방으로 올라와 욕조에 따뜻한 물을 받았다. 욕조 옆 창을 통해 내다본 세상은 오직 이 스위트룸의 야경을 위해 존재하는 세트장 같았다. 욕실에는 영국 왕실에서 사용해 유명해졌다는 몰튼브라운 브랜드의 샴푸와 린스, 보디로션 등이 비치돼 있었다. 마사지와 목욕으로 노곤해진 몸을 침대에 실었다. 실의 두께가 80수와 400TC인 최고급 소재로 만들어진 침구는 실크처럼 부드러웠다. 매트리스를 감싼 거위털 베딩bedding은 물침대처럼 몸을 허공으로 띄우는 듯했다. 하지만 마치 물과 기름처럼 내 몸은 그 안락한 침구와 좀처럼 화학적 융합을 하지 못했고 밤새 잠을 설쳤다.

다음 날 아침 8시, 눈을 비비며 내려간 1층 뷔페식당에는 양식과 한식, 디저트까지 포함해 119가지의 음식이 즐비했다. 나는 생과일주스와 연어 샐러드, 빵 몇 조각만 먹었는데도 금세 배가 불렀다. 차려진 음식의 가짓수와 내가 한껏 먹을 수 있는 식사량의 차이가 마치 해소할 수 없는 현실의 경제적 격차를 의미하는 것 같아 허탈했다. 식사 후에는 3층 피트니스센터에 들렀다. 양말을 깜박해 난감했는데 탈의실에 운동용 양말이 수십 켤레 비치돼 있었다. 20대 젊은 남성이 개인 트레이너의 지도 아래 운동하는 모습이 보였다. 나는 터치스크린형 TV 모

니터가 장착된 러닝머신에서 남산을 바라보며 30분 정도 달렸다. 운동 후 들어간 사우나에서 여자들은 대중목욕탕 풍경과는 달리 그들만의 문화인 듯 커다란 수건으로 몸을 가린 채 돌아다녔다.

방으로 돌아와 짐을 싼 뒤 낮 12시에 체크아웃을 위해 23층으로 올라갔다. 직원이 내민 영수증에는 세금과 봉사료를 포함해 숙박료로 '302만 5000원'이 찍혀 있었다. 처음 보는 아라비아 숫자인 양 낯설었다. 마사지 비용과 칵테일 값까지 합하면 1박 2일 21시간 동안 호텔에서 총 323만 1500원을 쓴 것이다.

"짐을 도와 드리겠습니다, 손님." 1층으로 내려왔을 때 호텔 직원이 다가왔지만 나는 사양했다. 그리고 셔틀버스를 타고 지하철역으로 향했다.

1장

자녀 교육

절대 빈곤층의 자녀 교육

평생 과외비 0원

열 살에 한글을 깨치다

상위 1%의 자녀 교육

1년 과외비 5억

명문대 합격하다

절대 빈곤층의 자녀 교육 貧

평생 과외비 0원
열 살에 한글을 깨치다

경기도 안산에 사는 미혼모 K(39세) 씨에게 큰아들 Y(12세) 군은 가장 큰 자부심이다. 초등학교 6학년인 Y 군이 반에서 1~2등을 다투는 수재이기 때문이다. 매달 130만 원씩 나오는 기초생활수급료 중 40만 원을 15평 빌라의 월세로 내고, 나머지 돈으로 K 씨와 Y 군, 세 살과 한 살 된 두 딸이 간신히 끼니를 때우며 산다. 이 때문에 보습 학원은커녕 과목당 매달 3~4만 원 하는 학습지도 사주지 못했다. 친구들 다 가는 영어·수학 학원에 보내달라고 조를 만도 한데 가난 앞에 일찍 철든 Y 군은 한 번도 떼쓴 적이 없다. K 씨는 "입학 전 어린이집에 보낸 것 말고는 특별히 교육시킨 게 없고 입학한 뒤에는 내가 전과를 펴놓고 수학, 영어를 가르친 게 사교육의 전부"라며 "타고난 머리가 좋은 것 같다"고 했다. 하지만 요즘 K 씨는 마음이 편치 않다. 아들이 곧 중학교에 진학하면 더 이상 비상한 머리에만 기대어 좋은 성적을 받을 수 없을 것 같아서다. K 씨는 "이런 속도 모르고 동네 엄마들이 매달 30~40만 원씩 드는 그룹 과외를 같이하자고 제안하면 나는 '애가 별로 하고 싶지 않아 한다'고 거짓말한다"면서 "담임선생님은 형편을 아니까 학원처럼 돈 드는 교육에 대한 조언을 하지 않는다"고 말했다.

현재 한국에서 일체의 사교육 없이 공부를 잘하는 케이스는 기자가 취재차 만난 극빈층 수십 명 중 Y 군이 유일할 만큼 극히 희박하다. 그마저도 Y 군이 본격적인 입시 경쟁이 시작되기 전인 초등학생이기에 확정적인 예로 꼽기도 어렵다. 대다수 극빈층 부모가 '개천에서 용 난다'는 믿음이 미신일 뿐임을 깨닫는 데는 오랜 시간이 걸리지 않는다. 초등학교 1학년 교실에 앉는 순간, 아이들은 이미 각자 다른 출발선에 서 있음을 눈치챈다.

초등학교 저학년 때 빈부 격차에 따른 수준차가 뚜렷하게 나타나는 과목은 무엇일까. 흔히 영어만 생각하기 쉽지만, 의외로 국어 실력의 격차가 아주 크다. 경기도의 한 임대 아파트에 사는 초등학교 4학년 A양은 3학년 때까지 '까막눈'이었다. 한글로 이름조차 쓸 줄 몰랐다. A양의 어머니(33세)는 학교에 가면 배우겠거니 믿었다. 하지만 1학년 교실은 엄마의 기대와는 다르게 돌아갔다. 반 아이 10명 중 8~9명꼴로 입학 전에 한글을 미리 배워 오는 현실에서, 담임교사는 A 양에게 신경 쓸 겨를이 없었다. 선생님이 불러주는 준비물을 받아 적지 못해 반에서 혼자 준비물을 못 챙겨 가기도 했다. 국어를 못하면 다른 모든 과목을 제대로 배울 수 없어 결국 공부 전체가 '엉망'이 된다. 다행히 3학년

담임교사가 방과 후 A 양을 붙잡고 자음·모음부터 가르친 덕에 겨우 한글을 읽을 수 있게 됐다. 저소득층 자녀들은 빈약한 어휘력 탓에 학년이 올라갈수록 교과 수업을 따라가지 못한다. 우리말 전문가인 서보건 인천대학교 산학협력단 전담 교수는 "임대 아파트촌의 고교에 가면 간단한 사자성어조차 모르는 학생이 허다하다"고 말했다.

소득 격차는 학습의 밑바탕이 되는 독서 습관에도 상당한 영향을 미친다. 성태숙 파랑새 나눔아동센터 대표는 "가난한 집 아이들은 불안정한 환경으로 인해 심한 스트레스를 받는 데다 부모로부터 독서 교육을 받지 못하기 때문에, 귀신 나오는 공포물이나 만화책 같은 스트레스 해소용 책을 읽는 경우가 다반사다"라고 했다. 지금껏 고 1 큰딸과 중 2 작은딸에게 책을 한 번도 사준 적이 없다는 기초생활보호대상자 P(42세·여) 씨는 "딸이 나처럼 '책만 읽으면 잠이 온다'고 하기에 사줘야 할 필요성을 못 느꼈다"면서 "만화책이나 인터넷 만화(웹툰)를 읽는 게 딸이 하는 독서의 전부"라고 말했다.

도서를 구매할 경제력이 부족한 것도 자녀의 독서력을 떨어뜨리는 요인이다. 경기도의 한 임대 아파트에 사는 C(42세) 씨는 동네를 걸을 때마다 이웃이 버리려고 내놓은 책이 있는지 유심히 살핀다. 열네 살과 일곱 살인 두 딸에게 가져다주기 위해서다. 같은 교회에 다니는 지인들도 이런 사정을 알기에 다 읽은 책은 C 씨에게 건넨다. C 씨는 한 해 10만 원씩 충전되는 문화누리카드(기초생활수급권자와 차상위계층의 영화 관람, 도서 구입 등을 지원하기 위한 복지 카드)를 주로 애들 문제집 사는 데 쓴다.

서울 대치동과 목동 등 '교육 특구'에서는 초등학교 이전부터 이미 대학 입시를 준비한다고 하지만 저소득층에게는 '먼 나라 이야기'일 뿐이다. 중산층 이상의 자녀들은 하교 후 학원에 가기 바쁘지만 극빈층 아이들은 집에서 혼자 시간을 보내거나 지역아동센터 같은 무상교육 기관에 의지할 수밖에 없다. 그나마도 간섭받는 것을 싫어해 지역아동센터에 가지 않으려는 아이들이 많다고 한다. 또 '드림 스타트' 사업(12세 이하 저소득층 아동에게 무상으로 각종 교육 프로그램을 지원하는 보건복지부 사업) 등은 중학교 진학과 동시에 혜택이 끊기기도 한다. 이런 환경에서 성장한 저소득층 자녀들은 거주 지역의 초등학교와 중학교를 나와 일반계 고등학교에 진학하거나 아예 대입을 포기하고 특성화고(옛 실업계 고등학교) 진학을 택하는 것이 일반적인 코스다.

서울의 한 지역아동센터 관계자는 "대학 진학 등 진로에 대한 목표가 없는 고교생은 방과 후 PC방에서 3년을 보내다가 졸업하면 비정규직 노동자로 살게 되는 일이 많고 여학생 중에는 남학생과 놀다가 임신해 미혼모가 되는 경우도 꽤 있다"면서 "심성이 나빠서 그런 게 아니라 공부하고 살아가는 방법을 모르는 것일 뿐"이라고 했다.

극빈층 부모들은 중·고등학생이 된 자녀가 돈이 드는 진로를 택할까 봐 겁이 나기도 한다. 미혼모 K(45세) 씨는 한동안 첫째 딸(17세) 때문에 가슴앓이를 했다. 고등학교에 진학한 딸이 "천문학자가 되고 싶다"고 말한 게 발단이었다. K 씨는 자신도 모르게 "그 직업 가지려면 돈이 얼마나 드는 줄 아느냐"는 말을 내뱉었고 딸은 "자식의 꿈을 짓밟는 엄마"라며 한동안 어머니에게 등을 돌렸다.

고 1인 큰딸과 초등학교 5, 6학년인 두 아들, 유치원생인 일곱 살 막내딸을 키우는 미혼모 J(45세) 씨도 교육비 탓에 아이가 커가는 게 적잖이 두렵다. 현재 그가 지출하는 사교육비는 두 아들 태권도 학원비인 19만 원이 전부다. J 씨는 간호조무사 일로 월 150만 원을 버는 게 고작이어서 이 학원비조차 부담스럽다. 막내딸까지 초등학교에 입학하는 내년이 더 큰 걱정이다. 방과 후 집이 비어 있는 낮 동안 오빠들과 태권도 학원에라도 보내야 하지만 아무리 계산기를 두드려봐도 여유가 없다. 월세 30만 원과 생활비를 내고 나면 한 달 벌이가 모두 빠져나간다. 이 때문에 2년 뒤 수능을 봐야 하는 큰딸조차 과목당 20만 원인 영어·수학 보습 학원에 보내지 못한다. J 씨는 "교육비가 부담스러워 아들에게 '나중에 기계공고에 진학해 곧장 취업하거나 혼자 힘으로 대학에 가라'고 이야기했는데, 엄마로서 못할 말을 한 것 같아 미안하다"고 했다.

가난을 직시한 아이들은 돈이 들어가는 학습을 스스로 포기하기도 한다. 경기도의 한 임대 아파트에 사는 S(42세) 씨는 최근에 중 2 만딸이 초등학교 1학년 여동생을 꾸짖는 장면을 목격하고 충격을 받았다. "학원에 가고 싶어도 엄마한테 말하지 마. 네가 그러면 엄마가 힘들어진다"는 것이었다. S 씨는 "중학생 큰딸은 비싼 준비물을 살 돈이 없어 끙끙대다가 어렵게 '이 준비물을 사줄 수 있느냐'고 물어볼 정도로 효녀"라고 했다.

가난 때문에 영재가 범재로 남는 사례도 많다. 서울의 중학교 2학년
인 G(14세) 양은 음악 시간에 민요를 부르던 중 교사의 눈에 띄어 '국악
영재'로 추천됐다. 지방자치단체의 지원으로 대학교수로부터 무상으로
국악 강습을 받게 됐지만 빈곤하게 사는 G 양의 부모는 이 상황이 탐
탁지 않았다. 결국 "국악이 돈이 되느냐. 음악을 시키려면 언젠가는 큰
돈이 들지 않겠느냐"며 영재교육을 중단시켰다.

아이들의 빈곤한 행색이 배울 의욕을 떨어뜨리는 경우도 있다. 기초
생활보호대상자인 H(12세) 양의 어머니는 지난봄의 '악몽'만 생각하면
아직도 몸이 떨린다. 교실에서 딸의 친구가 "벌레가 기어다닌다"고 소
리치며 H 양의 머리를 가리킨 것이다. 머릿니였다. 이후 급우들은 H
양을 따돌렸다. H 양은 엄마에게 "학교 가기 싫다"며 울었고 엄마는 딸
의 긴 머리를 남자아이처럼 스포츠형으로 싹둑 잘라줘야만 했다.

반면 극빈 상황을 오히려 자녀 교육에 활용하려는 경우도 발견됐다.
극빈층 부모 중에는 대학의 저소득층 특별 전형이나 장학금 혜택을 받
기 위해 일할 능력이 있어도 일부러 직업을 갖지 않고 기초수급권을 유
지하려는 이들이 제법 많았다. 세 아이의 엄마인 기초생활보호대상자
I(39세) 씨는 한 달에 130만 원씩 나오는 기초생활수급료로 살아가기가
너무 힘들다. 생후 1년 된 막내가 2~3년 뒤 어린이집에 가게 되면 식당
에서 일해 조금이라도 돈을 벌고 싶지만, 초등학생인 아이의 장래를 생
각해 참는다. 최저생계비(2015년 4인 가족 기준 166만 원) 이상의 소득

인정액이 잡히면 수급권을 잃게 되고 그러면 자녀가 자립형사립고나 대학에 갈 때 저소득층 특별 전형에 지원할 수 없기 때문이다. I 씨는 "큰아이가 대학 졸업할 때까지는 수급권을 유지하고 싶다"고 말했다.

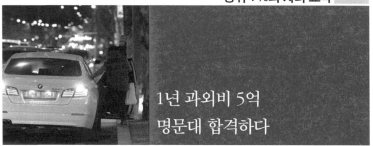

상위 1%의 자녀 교육　富

1년 과외비 5억
명문대 합격하다

　서울 도곡동에 사는 A(50세) 씨는 1년 전 이맘때만 생각하면 지금도 밥을 안 먹어도 배가 부르다. 장남이 명문 K 대 이과 계열에 입학한 덕분이다. 자수성가한 중소기업 오너로 개인 순자산만 200억 원대인 그는 아들을 명문 사립 초등학교에 보냈지만 늘 성적이 문제였다. 특목고 진학에 실패하고 일반고에서도 1학년 말까지 중위권을 벗어나지 못해, 잘해야 서울 시내 대학에 '턱걸이'로 갈 수 있는 수준이었다. '비상대책'이 시급했다. A 씨의 부인은 현직 유명 입시 학원 강사들로 구성된 '드림팀' 과외진을 아들에게 붙였다. 국어, 영어, 수학, 과학 등 네 과목이었다. 과목당 일주일에 4시간씩 100만 원, 한 달에 총 1600만 원이 들었다. 전체적인 공부 계획을 짜 주는 일명 '코디네이터 강사'도 월 100만 원씩 주고 따로 붙였다. 한 달 과외비만 1700만 원이 든 것이다. 이마저도 돈만으로 된 게 아니라 '강남 아줌마 인맥'에서 비롯한 정보력 덕분에 구할 수 있었다.

A 씨는 아들이 고3이 되자 일부 강사를 학원장급으로 바꿨다. 부인이 직접 학원을 찾아가 책상 위에 슬그머니 전화번호를 남겨 연락을 주고받는 '007 작전'을 동원했다. 한 달 과외비는 4000만 원에 육박했다. 수능 직후에는 대치동 유명 학원에서 운영하는 2주 속성 논술 준비반에 보냈는데 이때도 500만 원을 따로 썼다. 그해에만 과외비로 총 5억 원을 넘게 쓴 셈이다. A 씨는 "아들이 고2 때는 한 해에 중형차 한 대, 고3 때는 매달 외제 차 한 대 값을 과외비로 썼고, 대학 입학 땐 실제로 독일제 스포츠카를 선물로 뽑아줬다"면서 "솔직히 돈은 큰 문제가 아니었다"고 털어놨다. '교육 특구'인 서울 강남 대치동 학원가에 위치한 한 입시 컨설팅 전문가는 "상위 1% 부유층의 자녀 교육목표는 '사립초 → 국제중 → 특목고 → 명문대'로 이어지는 'KTX' 라인을 타는 것"이라면서 "이들은 '돈에 구애받지 말고 계획을 짜달라'고 요구한다"고 귀띔했다.

경기 북부의 어느 중형병원 원장 부인 L(52세) 씨 역시 '자본의 힘'을 빌려 자녀 교육에 성공한 사례다. L 씨는 수학 성적이 거의 바닥이었던 딸에게 명문 S 대 수학과 박사과정 학생을 과외 선생으로 붙였다. '수학의 미다스 손'으로 불리던 선생이었다. 매달 200만 원의 과외비와 과외 시작 전에 격려금 조로 1000만 원을 따로 챙겨줬다. 성적이 2등급 오르면 5000만 원을 인센티브로 준다는 조건도 내걸었다. L 씨는 "수학 성적이 기대했던 것만큼 올라 딸아이가 지방대가 아닌 서울 시내 중위권 대학에 진학할 수 있었다"면서 "대학을 졸업하면 외국의 명문 대학원에 진학시킬 계획"이라고 했다. 또 다른 대치동 학원가 관계자는 "고액 과외로 성적을 상위권에서 최상위권으로 올리는 건 어렵지만 하위권에서 중위권으로, 중위권에서 상위권으로 올리는 건 가능하다"고 말했다.

상위 1%가 시키는 고액 과외는 보안 유지가 생명이다. 시간당 1만 4280원(서울 강남구 기준)이 넘는 과외는 불법인 데다 능력 있는 과외 선생을 소수가 독점하려는 욕심에서다. 이 때문에 고액 과외 강사진은 점조직 식으로 친분 있는 학부모를 통해서만 학생을 받는다. 이런 강사들은 학원에도 나가지 않고 은밀하게 상류층 비밀과외만을 업으로 삼는 '선수'라는 게 정설이다. 바꿔 말해 아줌마들 사이의 '네트워크' 없이는 돈이 아무리 많아도 선수들을 만날 수 없다는 이야기다. 몇 년 전 '옥수동 선생님'이라 불리던 전직 수학 교사 출신 유명 강사에게 과외를 맡겼던 중소기업 사장 부인 C(48세) 씨는 "함께 과외 받는 학생 중에 유명 정치인과 기업인의 자제도 있었다"면서 "과외 수요자나 공급자 모두 입조심은 기본"이라고 말했다.

상위 1% 학부모들이 선택하는 특급 강사는 잘 가르치기만 해서는 안 된다. 정보력 역시 핵심 자격 요건이다. 특히 고3 학생들을 맡는 '족집게 강사'들은 말할 것도 없다. 대치동의 한 입시 학원 원장은 "특급 강사들은 평소 다져놓은 네트워크를 활용해 서울대학교 어떤 학과의 교수가 갑자기 사라졌다는 정보를 얻으면 수능 출제 위원으로 들어

갔다고 보고, 해당 교수의 전공이나 관심사 등을 토대로 족집게 강의를 한다"고 말했다. 요즘 명문대 진학을 위해서는 논술 못지않게 자기소개서가 중요한데, 전문 강사가 단 한 번 봐주는 데만 최소 50만 원이 든다고 말했다. 한 논술 강사는 "전문가를 붙여 고1 때부터 자기소개서 코치를 받게 하는 부모도 많다"면서 "모범 자기소개서에 맞춰 경제 단체 인턴을 하는 등 '스펙'을 쌓는 상류층 자식들을 일반 학생들이 뛰어넘기는 쉽지 않다"고 말했다.

자녀의 성적이 기대만큼 오르는 않는 경우 예체능 전공을 대안으로 노리는 것도 상위 1%의 특징이다. 전공을 예체능으로 돌려 명문대 '간판'을 확보하는 식이다. 실제로 명문대 입학은 예능 쪽이 좀 더 수월하다. 입시업계 분석에 따르면, 2015학년 서울대학교 수시 합격자를 가장 많이 배출한 학교는 서울예고(92명)로 경기과학고(59명), 서울과학고(54명), 대원외고(48명) 등을 멀찍이 따돌렸다. 한 입시 컨설팅 업체 관계자는 "돈만 있으면 없는 끼도 만들어낼 수 있다는 게 이쪽 업계의 정설"이라면서 "하다가 정 안 되면 하프 같은 희소 악기를 사서 대학에 입학하는 방법도 동원된다"고 했다. 일부 부유층이 실기 시험 심사 위원들을 돈으로 매수한다는 소문도 끊이지 않는다. 특히 음악, 미술 등 예능 학과에는 입시 비리를 막기 위한 블라인드 테스트 같은 보완 장치가 어느 정도 마련된 반면 골프, 승마 등 체육학과에는 상대적으로 그런 장치가 더 허술하다고 한다.

갖은 수를 다 써도 성적이 오르지 않는 경우 외국 유학도 대안이 된다. 한 해외 유학 업체 관계자는 "부유층은 자식이 공부를 못하면 일단 미국 등에 조기 유학을 보낸 뒤 외국에서도 탈선하면 다시 국내로 데려온다"면서 "돈은 있을 만큼 있으니 시행착오를 겪어도 다시 되돌릴 수 있다는 식"이라고 했다. 서울 압구정동에 사는 대학교수 D(52세) 씨의 차남은 경기도 성남시 분당의 외국인학교를 거쳐 지난해 미국 동부의 한 중위권 사립대에 입학했다. 학비 5만 달러를 포함해 집세와 용돈, 방학 때마다 한국을 오가는 항공료 등, 모든 비용을 합쳐 아들을 위해 한 해 최소 1억 5000만 원을 쓰는 셈이다. D 씨는 "아들이 한국에 있었다면 과외로 돈은 돈대로 쓰고 변변찮은 대학에 진학했을 것"이라고 말하며 "아들의 유치원 동창들도 대부분 미국에서 대학을 다닌다"고 했다.

명문대 입학을 위해서라면 점집 출입도 불사한다. 입시 상담만 전문으로 하는 성업 중인 점집들이 강남에 10여 곳인 것으로 알려졌다. 점집처럼 보이지 않게 고급 아파트 가정집에 차린 경우가 대다수다. 사주팔자와 입시 정보 등을 조합해 중학생 학부모가 가면 고등학교를, 고등학생 학부모가 가면 대학을 찍어주는 식이다. 복채는 1인당 10만 원에서 100만 원까지 천차만별이다. B 씨는 "서쪽에 기운이 보이니 신촌의 대학을 가라는 식"이라고 했다.

최근에는 상위 1%가 본격적으로 자녀 교육에 투자하기 시작하는 시점이 갈수록 앞당겨지고 있다. 서울 평창동에 사는 중견 기업 사장 P(59세) 씨는 초등학교 3학년과 1학년인 두 손녀를 인근 사립 초등학교에 보낸다. 학비와 교통비, 교내 활동비 등을 합쳐 한 명당 월 200만 원이 든다. 여기에 집으로 강사를 불러 각종 과외까지 시킨다. 과목당 50만 원에 영어와 산수, 미술, 피아노, 야외놀이 선생까지 고용했다. 손주들 교육비에만 매달 1000만 원가량 쓰는 셈이다.

서울 대치동에 사는 변호사 부인 K(47세) 씨는 대표적인 '대치동맘'이다. 초등학교 5학년인 아들의 교육비로 한 달에 200만 원 넘게 쓴다. 수학과 영어 학원은 기본이고 논술과 수학 과외도 따로 받는다. 축구와 음악 학원도 빼놓을 수 없다. K 씨의 '계획'은 수학으로 승부해 아들을 과학고에 입학시키는 것이다. 각종 경시대회나 수학 올림피아드 수상도 노리고 있다. 이를 위해 초등학교 4학년 때 6학년까지의 과정을, 5학년 때 중학교 과정을, 6학년 때 고교 과정을 끝내는 게 목표다. K 씨는 "이 동네에서 수학을 제대로 가르치는 부모들은 수학 한 과목을 위해 학과목과 사고력, 연산, 개념풀이 등 서너 개 과외나 학원을 함께 보낸다"면서 "여기에 예체능 진학에 대비해 미술과 음악, 승마, 골프 등도 반드시 함께 시키는 분위기"라고 전했다.

초등학교 때부터 자녀의 인맥을 관리하는 것도 상위 1% 학부모들의 특징이다. 유명 사립 초등학교의 입학 경쟁률이 5 대 1을 훌쩍 넘는 배경에는 학습 분위기도 분위기지만, 초등학교 때 만난 친구들이 평생 밀어주고 끌어줄 것이라는 기대감이 많이 작용한다는 것이다. 중소 제조업체 사장을 아버지로 둔 G(28세) 씨는 서울의 명문 사립 초등학교를 졸업한 뒤 미국으로 조기 유학을 떠났다가 몇 년 전 귀국했는데, 초등학교 동창 20여 명과의 인연을 이어가고 있다. 동창들은 모두 국회의원이나 의사, 변호사, 사업가 등 '쟁쟁한' 집안 출신이다. G 씨는 "가까운 친구가 얼마 전 사업을 시작했는데 나를 포함한 주변 동창들의 도움으로 빠르게 성장했다"고 말했다.

2장

출산·육아

절대 빈곤층의 출산·육아	상위 1%의 출산·육아
출산은 사치다	출산은 과시다
말라버린 젖, 물리다 물리다	젖병 떼자마자 1억
'분유 동냥'	'사교육 대리모' 손에

출산은 사치다
말라버린 젖, 물리다 물리다
'분유 동냥'

서울 중계동에 사는 40대 간호조무사 L 씨는 2년 전 그날만 생각하면 아직도 아찔하다. 당시 다섯 살이던 딸 Y가 바이러스성 장염에 걸렸는데, 그 아픈 아이를 혼자 집에 놔둘 수밖에 없는 처지였기 때문이다. 이혼한 싱글맘인 L 씨는 월급 135만 원으로 빠듯하게 Y와 초등학생 두 아들(11세, 10세)을 부양하고 있는데, 당시 하루라도 직장을 쉴 수 있는 상황이 아니었고 어린이집에서도 아이가 전염성 병에 걸렸다는 이유로 오지 못하게 했다. L 씨는 오전 7시 20분에 출근한 이후부터, 어린 아들들이 학교에서 돌아오는 오후 3~4시까지 여덟 시간가량을 딸아이가 12평짜리 집에서 혼자 누워 있을 생각을 하니 발이 떨어지지 않았지만 달리 방도가 없었다. L 씨는 "마음이 조마조마했지만 Y의 오빠들에게 방과 후 최대한 빨리 집에 가서 동생을 돌보라고 당부하는 게 최선이었다"면서 "그렇게 매일매일 목숨을 건 모험을 하다시피 살아왔다"고 했다.

한 달에 두 차례 쉬는 날(일요일)을 빼고는 매일 이른 아침부터 저녁 7시 30분까지 꼬박 집을 비워야 했던 L 씨에게는 그나마 지역아동센터가 도움이 됐다. 어린이집에서는 저녁 6시 30분쯤이면 다른 아이들은 모두 집으로 돌아가고 Y만 선생님과 둘이서 엄마를 기다렸다. 어린이집은 저녁을 주지 않기 때문에 엄마가 올 때까지 Y는 밥을 굶을 수밖에 없었다. 아들 둘은 초등학생 이상만 받아주는 방과 후 지역아동센터에 다녔는데, L 씨의 딱한 처지를 알게 된 지역아동센터 원장이 예외적으로 Y까지 돌봐주기로 하면서 이제는 세 아이가 함께 지역아동센터에서 저녁을 먹으며 엄마를 기다릴 수 있게 됐다. L 씨는 "너무 힘들 때는 그냥 다 놓아버리고 싶었다"라고 말하며 희미하게 미소 지었다.

L 씨의 경우처럼 영유아를 키우는 절대 빈곤층은 먹고살기 빠듯한 한 부모 가정(주로 싱글맘)이 많아, 제대로 된 육아와 조기교육을 꿈꾸기 힘들다. 경기 화성시 임대 아파트에 사는 30대 싱글맘 B 씨는 딸 J(7세)를 생각하면 가슴이 미어진다. B 씨는 딸을 임신했을 때 남편의 사업 실패로 채무자들이 밤낮으로 집에 찾아오면서 고통에 시달렸다. 살던 집에서도 쫓겨나고 남편은 채무를 피해 도망 다니게 되면서 결국 이혼했다. 생활이 막막해진 B 씨는 임신한 몸으로 딸아이와 함께 1년은 교회 권사의 원룸에서 지냈고, 1년은 난방도 되지 않는 교회 기도방에서 살았다. B 씨는 "겨울에 돌도 안 된 아이를 찬물로 씻기곤 해서 아이 볼이 항상 빨갛게 터 있었다"고 했다.

B 씨는 분유 값이 없어서 교회 사람들에게 손을 벌릴 수밖에 없었고 돌잔치는 꿈도 못 꿨다. 교회에서 하는 행사 때 한복을 얻어 입혀 사진을 찍은 게 딸의 돌 사진이 됐다. 하루하루 기적처럼 살아온 B 씨이기에 딸아이의 '조기교육'을 생각할 겨를조차 없었고, 일곱 살인 J는 아직 한글도 제대로 깨치지 못했다. 그런 B 씨에게 J의 학습 능력보다 더 큰 걱정은 정서적 불안이다. 지금은 월세 15만 원인 임대 아파트에 살게 돼 사정이 좀 나아졌지만 J는 '딩동' 하는 벨소리만 들리면 방에 들어가 이불을 뒤집어쓴다. B 씨는 "아이가 뱃속에 있을 때 안 좋은 일을 당해서 그런지 낯선 사람만 보면 발작을 한다"고 말했다.

경기 시흥시에 사는 J(35세) 씨의 네 살 난 딸 S도 불안한 환경에서 유아기를 보내고 있다. 남편과 이혼한 J 씨는 "아이가 어렸을 때 남편이 나를 때리는 걸 봐서 상처가 되지 않았을까 걱정"이라며 "그래도 아직은 어려서 그런지 여전히 아버지를 그리워한다"고 말했다. 낯선 남자가 집에 찾아오면 아빠인 줄 알고 "아빠? 아빠?" 하며 반가워한다는 것이다. 구청 소속 생활보조인이 장애인인 J 씨의 집에 함께 거주하며 아이를 돌보고 있지만, 이들도 자꾸 바뀌다 보니 아이가 상처를 입는 것 같아 마음이 쓰인다.

하루하루가 어려운 극빈층이지만 아이에게 하나라도 더 가르치고 싶은 욕심은 여느 부모와 똑같다. 경기 부천에 사는 P(31세) 씨는 아이를 낳은 이후에 돈을 아끼기 위해 스킨, 로션 같은 간단한 기초 화장품을 한 번도 사지 않았다. P 씨는 26세 때 딸 E(43개월)를 서울 은평구의 산부인과에서 홀로 낳았다. 무직 상태에 폭력까지 심했던 남편과는 아이를 임신했을 때 헤어졌다. 정부에서 지원해주는 출산비 50만 원 외에 추가로 드는 비용이 만만치 않았다. 임신 28주까지는 4주에 한 번, 임신 36주까지는 2주에 한 번, 임신 36주 이후에는 거의 매주 병원에서 정기검진을 받아야 했는데, 갈 때마다 5~6만 원의 병원비가 들었다. P 씨는 "애를 낳을 때는 다행히 자연분만을 해서 2박 3일 입원비까지 포함해 40만 원 정도 들었다"며 "제왕절개를 하면 비용이 두 배가 되기 때문에 가슴이 조마조마했다"고 회상했다.

P 씨는 그렇게 딸을 출산한 뒤 3개월도 안 돼 바로 일을 시작했다. 구청에서 공공 근로로 월 80만 원을 벌었다. 그러다 지난해 초 갑자기 심장 부정맥 진단을 받고 일을 그만뒀다. 최근에는 웨딩홀 뷔페에서 서빙을 하거나 전단지를 돌리는 등 간간이 '아르바이트'를 하며 생활비를 벌고 있다. 어려운 살림이지만 P 씨는 딸에게 한글과 수학 등 학습지를 시키고 있다. 매주 수요일 학습지 교사가 집을 방문해 E를 가르치는데, 한글은 월 3만 6000원, 수학은 4만 7000원이다. 이마저도 부담이 돼 최근에는 둘 중 한 과목은 끊어야겠다는 생각에 아이에게 물었더니 "둘 다 재미있다"고 해서 망설이고 있다. P 씨는 "다른 엄마들이 다 그렇듯이 나도 능력만 되면 아이를 영재로 키우고 싶다"고 했다. 그는 딸에게 돌잔치 대신 3만 5000원짜리 떡케익과 과일, 나물 등을 준비해서 생일상을 차려줬다. 돌 사진은 한 복지 단체의 도움을 받아 동네 사진관에 가서 20만 원을 주고 찍었다.

서울의 한 지역아동센터 아이들의 모습.

　그래도 못 해준 게 많아 마음이 아프다. 아이 낳고서 혼자서 살림까지 하다 보니 하루 한 끼 챙겨먹기가 힘들었다. 그러다 보니 젖이 잘 안 나와서 모유를 3주도 못 주고 분유를 먹여야만 했다. 최근에는 E가 자라면서 사달라는 게 부쩍 많아져 걱정이다. 지난해 크리스마스 어린이집 행사 때에는, 산타클로스를 통해 E에게 줄 선물을 보내기 위해 큰맘 먹고 미리 인터넷에서 3만 2000원에 장난감을 구입해 방구석에 숨겨놓았는데, E가 이를 우연히 발견하는 바람에 막상 어린이집에 보낼 크리스마스 선물이 없어서 낭패를 봤다. P 씨는 "몸이 아프긴 하지만 쉬면서 간호조무사와 요양보호사 자격증을 땄다"면서 "올해부터는 어떻게든 제대로 된 일을 시작해야 할 것 같다"고 했다.

　서울 답십리에 사는 싱글맘 C(39세) 씨도 여력만 된다면 아이들을 보내고 싶은 학원이 많다. C 씨는 자녀 세 명(12세 아들과 2세와 8개월 된 두 딸)을 홀로 키우고 있다. 딸 둘에게 발레나 피아노를 가르치고 싶다는 C 씨는 "발레 학원에 한번 구경을 간 적이 있는데 여자애들이 발레 옷을 입고 배우는 모습을 보니 그렇게 예쁠 수가 없더라"며 "그런데 학원비가 월 15만 원, 발레복과 슈즈 세트가 15만 원인 것을 보고 깜짝 놀랐다"고 했다. C 씨는 기초생활수급자로 월 130만 원을 정부로부터 지원받고 있다. 월세로 41만 원을 내고 나머지 돈으로 아이 셋을 키우기에는 살림이 벅찰 수밖에 없다. 세 아이 돌잔치도 집에서 케익과 떡, 과일만 차려서 간단히 치렀다. 돌잡이도 못했다.

모유 수유 중인 8개월 딸아이는 가끔씩 분유(400g 기준 2만 원대)를 먹이고 있는데 이 부담도 만만치 않다. 하루가 다르게 커가는 아이의 옷을 사는 것도 경제적으로 부담이다. C 씨는 새 옷을 사기보다는 인터넷 카페에서 아기 엄마들이 판매하는 중고 옷을 사는 편이다. 2~3만 원이면 대여섯 벌을 한꺼번에 구입할 수 있기 때문이다. A 씨는 "가끔 고급 브랜드 옷이 인터넷에 나오기도 하는데 이런 것도 한 벌에 최하 2만 원이라 그림의 떡"이라고 했다. 유모차도 인터넷 육아 카페(안산시홍맘모여라)에서 '잉그레시나' 제품을 중고로 15만 원에 구입했다. 가끔은 옷에 '거금'을 쓸 때도 있다. C 씨는 최근 이마트에서 둘째 아이에게 4만 원짜리 '헬로키티' 브랜드 옷을 사줬다. 그는 "둘째가 조심히 입어서 막내딸에게 물려주면 좋을 텐데 아이가 워낙 활동적이어서 옷이 금세 늘어질까 걱정"이라고 했다.

아이 키우기도 버거운 이들에게 산모의 몸을 돌보는 산후조리원은 동화 같은 이야기다. 지난해 초 둘째 딸을 임신했을 때 재혼한 남편과 헤어진 경기 부천의 Y 씨는 8개월 전 아이를 낳을 때, 열두 살인 아들이 병실 간이침대에서 자면서 Y 씨의 '산후조리'를 도왔다. 두 살인 첫째 딸은 어린이집 원장이 맡아줬다. Y 씨는 "일주일 만에 병원에서 퇴원해 바로 살림하려니 죽을 만큼 힘들었다"고 했다. 기초생활수급자로 초등학교 6학년, 4학년, 다섯 살 난 딸 등 셋을 키우고 있는 서울 홍제동의 극빈층 J(33세) 씨도 "산후조리는 따로 없었고 애를 낳자마자 바로 퇴원해서 그냥 집에서 천장 보고 누워 있었다"면서 "방송 프로그램에서 한 연예인의 부인이 산후조리원에서 한약까지 다려 먹는 것을 보고 저런 세상도 있나 싶었다"고 말했다.

출산은 과시다
젖병 떼자마자 1억
'사교육 대리모' 손에

서울 강남구 도곡동에 사는 주부 C(37세) 씨의 아들 둘(7세, 5세)과 딸(4세) 등 세 자녀는 모두 이중국적자다. 큰아들은 사이판, 둘째 아들과 막내딸은 괌에서 태어나 미국 시민권을 취득했기 때문이다. C 씨가 2008년 큰애를 임신한 지 8개월 됐을 때, 사이판에 외조카를 유학 보냈던 이모가 '일종의 보험'이라며 원정 출산을 권유했다. 비용은 사업가로 개인 순자산 200억 원대의 재력가인 C 씨의 아버지가 전액 지불키로 했다. C 씨의 결심이 서자 진행은 일사천리였다. 브로커가 출국 수속에서부터 한국인만을 위한 현지 산부인과를 예약하는 데까지 2주가 채 걸리지 않았다. 사이판으로 날아간 C 씨는 두 달 동안 친정어머니와 병원 근처에 단기 임대한 콘도에 머물면서 아이를 낳았고 미국 시민권을 얻은 직후 귀국했다. 병원비 2000만 원을 비롯해 항공료와 출산 전후에 거주한 콘도 임대료 등 총 3000여만 원이 들었다.

아이의 미국 국적 취득이 생각보다 쉽다는 것을 깨달은 C 씨는 둘째와 셋째 아이를 낳을 때도 욕심이 났다. 사이판에서 이용했던 산부인과 시설이 마음에 들지 않아 이번에는 괌을 택했다. 산후조리를 도와줄 사람도 월 200만 원 급여를 주고 아예 한국에서 고용해 데리고 갔다. C 씨는 "한국의 교육 환경이 워낙 경쟁적이지 않느냐"면서 "애들이 공부하다가 너무 힘들어하면 미국에서 공부시킬 생각"이라고 말했다.

서울에서 아이를 낳은, 서초구 반포동에 사는 30대 주부 P 씨는 산부인과 병원부터 산후조리원까지 최고급 코스를 택했다. P 씨가 아이를 낳은 강남구 역삼동의 D 병원은 전체 벽면 마감재가 전자파 차단 기능이 있는 이탈리아 수입 암반석으로 지어졌다. P 씨가 이용한 가족 분만실은 1박에 150만 원이다. 누워 있는 침대가 분만대로 변형되기 때문에 분만을 위해 이동할 필요 없이 그 자리에서 출산이 가능하다. TV가 있는 거실, 테라스는 물론 1 대 1 보살핌을 받을 수 있는 1인 신생아실도 딸려 있다.

P 씨가 D 병원을 선택한 것은 무엇보다 이 병원에 딸린 산후조리원이 출산 후 산모의 몸매를 좌우한다는 산후 마사지로 유명했기 때문이다. 내로라하는 톱 여배우들이 이곳을 선택한 이유이기도 했다. 이 산후조리원의 마사지사는 최소 5년 이상의 경력을 가진 사람들이며 마사지 용품으로 산모의 튼 살에 효과적이라는 이탈리아 브랜드를 사용한다. 방의 크기와 시설 등에 따라 2주 기준 최저 600만 원에서 최고 1200만 원까지 다섯 등급으로 나뉘어 있고, 산전 마사지 2회와 산후 마

서울 강남의 한 고급 산후조리원 내 산모방(왼쪽)과 산모에게 제공되는 식단(오른쪽).

사지 8회가 기본 패키지다. 호텔 룸서비스처럼 하루 한 번씩 청소해줄 뿐 아니라 모든 방에 화장실과 함께 1인 좌욕기가 갖춰져 있다. 그뿐만 아니라 제철 음식 위주의 식사가 산모의 방으로 직접 서빙된다. 오후 3시와 8시에는 소화가 잘된다는 효소 빵 등이 간식으로 나오고 모유 수유에 좋다는 프랑스산 생수도 매일 세 병씩 제공된다. 병원과 연계돼 있기 때문에 소아과 의사가 매일 신생아의 건강을 점검하고 국제모유수유 자격증을 소유한 정규 간호사 20여 명이 3교대로 신생아를 돌본다. P 씨는 병원 출산 비용으로 300만 원, 3주간 산후조리원 이용 비용으로 1200만 원 등 총 1500만 원을 지불했다.

산후조리원을 '졸업'한 P 씨는 한국인 베이비시터(육아 도우미)를 월 250만 원에 고용했다. 석사 이상 학력과 보육 교사 1급 자격 등을 갖췄을 때는 가격이 배 이상 뛴다는 이야기도 들린다. 자녀 숫자대로 베이비시터를 고용하는 경우도 있었다. 아이 넷을 키우는 강남의 A 병원 원장은 네 명의 베이비시터를 쓰고 있다. 베이비시터 알선 업체인 시터

코리아 관계자는 "신생이는 유치원생에 비해 손이 많이 가기 때문에 아이당 한 명씩 시터를 원하기도 한다"고 했다.

상위 1% 부유층 중에는 '사교육 대리모'를 고용하는 경우도 있다. 자녀를 명문대에 입학시킨 학부모에게 아예 아이의 양육을 통째로 맡기는 것이다. 돌이 지난 이후 어느 정도 걷고 말하기 시작할 때부터 유치원에 다니기 전까지의 유아가 대상이다. 사교육 대리모가 아침 8~9시부터 저녁 5~6시까지 아이의 집을 방문하거나 자신의 집으로 아이를 데려가 책을 읽어주고 공원에 데리고 나가 식물 관찰 등 체험 학습을 시킨다. 특히 일주일에 세 번 영어 원어민 교사를 불러 아이에게 영어 동화책을 읽어주거나 체육 선생님을 고용해 놀이 시간을 갖게 하는 등 체계적으로 프로그램을 짜서 조기교육을 책임진다. 엄마처럼 아이를 먹이고 씻기는 것은 물론이다. 대치동의 한 입시 컨설팅 전문가는 "자녀를 하버드대에 보낸 부모한테 자신의 아이들을 위탁하는 것이라고 보면 된다"면서 "연봉 1억 원이 넘는 대리모도 있다"고 했다.

최근에는 아이 교육을 위해 베이비시터의 영어 구사 능력을 요구하는 경우는 줄었다고 한다. 영어 유치원에 보내면 되기 때문이다. 요즘 뜨고 있는 서울의 E 영어 유치원은 영국식 교육을 표방한다. 교사 16명 전원이 영국인이며 대학에서 교육학을 전공했다. 수업료는 아이 연령에 따라 월 120~160만 원이다. 수업은 100% 영어로 진행된다. E 영어 유치원 관계자는 "영어를 위한 교과서가 따로 없고 아이들이 수업을 통해 자연스럽게 영어를 배우고 있다"며 "한국에서 영국 학교를 다닌다고 생각하면 된다"고 했다. 그는 "학부모들이 과거에는 읽기, 쓰기를 중요하게 생각했다면 요즘에는 듣기와 말하기 등 회화 쪽에 중점을 두는 경향이 크다"고 했다. 서울 송파구에 사는 B(41세) 씨는 여섯 살 아들과 다섯 살 딸을 모두 영어 유치원에 보내고 있다. B 씨는 유치원비로 300만 원이 넘는 돈을 매달 쓰고 있지만 만족한다. 그녀는 "변호사인 남편이 어학을 중요하게 생각한다"면서 "주변에는 영어 유치원을 보내면서 별도로 중국어까지 가르치는 학부모도 꽤 있다"고 말했다.

'사교육 1번지'인 강남구 대치동 엄마들의 교육에 대한 열정은 유아 때부터 남다르다. 다섯 살 난 딸을 둔 대치동 주부 O(47세) 씨는 "영어를 제대로 가르쳐보겠다는 엄마들은 보통 5세 때부터 3년 정도 영어 유치원에 보낸다"고 했다. 강남 유명 영어 유치원의 수업료는 월 170~180만 원 수준으로 영어로 일기 쓰기, 일주일에 영어 동화책 한 권씩 읽고 테스트하기 등의 교육이 이뤄진다. 이들 영어 유치원에 따르면 일곱 살 난 아이들 중에서는 졸업 3개월을 남기고 12월쯤에 자퇴하는 경우가 많다고 한다. 이른바 '대치동 빅 3'로 꼽히는 '명문 영어 학원'에서 모집하는 예비 초등학생반에 들어가기 위해 1 대 1 과외 등으로 입학시험을 준비해야 하기 때문이다. 이미 일곱 살 때부터 '작은 입시'가 시작되는 셈이다. O 씨는 "일곱 살 아이들이 치르는 빅 3 영어 학원 입학시험 수준이 미국 현지 (초등학교) 3학년의 교과서 수준"이라면서 "대치동에서 영어 좀 한다는 일곱 살배기들은 동갑내기 원어민보다 오히려 2~3년은 앞서고 있는 셈"이라고 말했다.

상위 1%는 자녀가 유아기 때부터 문화적 소양을 익히도록 하는 데도 관심이 높다. 강남구 압구정동에 위치한 A 유치원 관계자는 "바흐의 〈G 선상의 아리아〉 같은 곡을 듣고 자기감정을 표현해보도록 하는 그림 그리기 수업 등을 하고 있다"면서 "어렸을 때부터 앙리 마티스 Henri Matisse 같은 서양화가의 그림을 보고 자란 아이들은 일반 아이와 문화적 감수성이 다를 수밖에 없다"고 했다. 서양화가로 활동 중인 선생님이 그림 그리기도 지도한다. 한 달 수업료는 90만 원 선이고, 발레를 전공한 선생님으로부터 일주일에 두 번씩 특강 수업을 받으면 15만 원 정도를 추가로 더 낸다. 앞서 소개한 E 영어 유치원도 총 2000제곱미터(605평) 5층 규모의 건물에 일반 교실뿐만 아니라 뮤지컬과 연극을 할 수 있는 소극장, 발레 스튜디오, 연주실 등을 갖추고 있다.

재력이 있는 조부모가 손자, 손녀의 육아를 위해 돈을 쏟아붓는 경우도 꽤 있다. 서울 종로구 평창동에 사는 200억 원대 재산가 C(50대·여) 씨는 손자, 손녀 네 명의 돌잔치를 모두 자신의 집 앞마당에서 가든파티로 치렀다. 2년 전 넷째 손자는 인근 호텔에서 1인당 5만 원짜리 출장 뷔페로 150인분을 주문했고, 테이블 세팅과 데커레이션 등에 100만 원을 더 지불했다. 유명 팝페라 가수와 마술사 등을 초청하는 데에도 500만 원을 쓰는 등 총 1500만 원 정도를 들였다.

'로열 베이비'들은 입는 것도 남다르다. 유럽 왕가의 사랑을 받고 있다는 프랑스 브랜드 '봉쁘앙'의 무스탕(3세용부터)은 200만 원대에 달하고 코트는 60~80만 원 선이다. 봉쁘앙 관계자는 "아이 건강을 중요시

서울의 한 유명 백화점 내 명품 매장에 고급스러운 아동용 원피스 등이 전시돼 있다.

하는 엄마들을 위한 100% 유기농 옷도 많이 나와 있다"고 말했다. 크
루즈 선상에서 입는 유아용 컬렉션도 있다. 겨울에 따뜻한 호주 같은
곳으로 아이를 연수 보내는 부유층을 겨냥한 것이다. 이 회사는 고급
젖병과 아동용 금팔찌도 판다.

　아이들 장난감도 '장난'이 아니다. 프랑스 명품 브랜드 '베케라'의 전
동차 중에는 200만 원을 훌쩍 넘는 최고급 세발자전거도 있다. 프랑스
제 '물랑로티'의 키 52센티미터짜리 패브릭 소재 코끼리 인형은 74만
6000원이며, 노르웨이 브랜드 '스토케'와 미국의 '오르빗'에서 만드는
유모차는 100~200만 원대다.

3장

주거

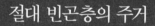

절대 빈곤층의 주거

월세 15만 원, 1평 쪽방 인생

영구 임대가 로또다

상위 1%의 주거

시가 40억 원, 77평 호화 빌라

집 안이 명품관이다

절대 빈곤층의 주거 貧

월세 15만 원
1평 쪽방 인생
영구 임대가 로또다

"없는 사람들에게 행복의 첫째 조건은 집이에요."

D(44세) 씨는 자신이 사는 서울 서대문구의 C 빌라 401호가 호텔 같다며 흡족해했다. 16평짜리(방 두 칸과 거실) 좁은 빌라 안을 가득 채운 낡은 소파, 고장 난 세탁기와 전자레인지, 그리고 담배와 홀아비 냄새가 찌든 방 안 공기까지 그 어떤 것도 호텔의 고급스러움을 닮지 않았다. 하지만 D 씨는 "거리 돌바닥에서 잠을 자본 사람은 자신만의 공간이 있는 게 얼마나 행복한지 안다"고 했다. 막노동으로 월 90만 원을 버는 A 씨는 2009년에 한국토지주택공사LH가 저소득 독신자나 장애인, 미혼모 등에게 염가로 임대한 주택에 입주했다. 그는 이 임대주택에서 또 다른 독신자 L(48세) 씨와 함께 산다. 두 사람이 매달 모아 내는 월세는 17만 4200원. 벌이에 비하면 큰 액수지만 풍찬노숙을 피할 수 있기에 불만은 없다. 과거 10년 넘게 남산 인근 등에서 노숙했던 그

서울 용산구 동자동 쪽방촌에 위치한
어느 가정집 내부.

는 "밖에서 자면 이불을 다섯 개 덮어도 춥고 자고 일어나면 온몸이 아
프다"고 회고했다. 폐지 수집 등으로 매달 20~30만 원이라도 벌 때는
월 17만 원을 주고 서울역, 영등포 등지의 쪽방촌에서 생활한 적도 있
었는데, 1평 남짓한 쪽방은 관棺에 갇힌 듯한 갑갑함을 줬다. 그는 "잠
을 자다가 잠버릇처럼 입을 오물거렸는데 '우드득' 하며 뭔가 씹히는
느낌이 나더라"면서 "급히 일어나 뱉었더니 바퀴벌레였다"고 했다. 그
는 "먹을 것, 입을 것은 나눠 주는 곳이 많아 어떻게든 해결할 수 있지
만 가난한 사람이 살 곳은 여전히 부족하다"면서 "복권에 당첨돼 1억
원이 생긴다면 당장 월세를 전세로 돌리고 싶다"고 말했다.

　사실 저소득층의 대표적 주거 시설로 알려진 장기공공임대주택(영
구임대 아파트, 10년 임대주택·장기전세주택 등)이 극빈층에게는 초특급
주거 시설이다. 최은영 한국도시연구소 연구위원은 "빈곤층 사이에서
는 '영구임대 아파트에 당첨되면 로또 맞는 것과 같다'고 이야기할 정
도"라고 전했다.

　열세 살과 여섯 살배기 딸을 둔 H(42세·여) 씨는 3년 전 경기 화성시

의 방 두 칸(18평)짜리 임대 아파트에 첫발을 들일 때의 감격을 잊지 못한다. 5년 전 남편의 사업 실패로 거리에 나앉았던 H 씨는 두 딸과 동네 교회, 지인의 원룸 등에서 얹혀살았다. 교회 기도방에서 1년간 살 때는 나무 벽 사이를 비집고 들어오는 겨울 칼바람 탓에 돌 지난 막내딸을 밤새 안고 체온으로 '보일러' 역할을 대신하기도 했다. 그러던 중 교회 사람으로부터 "벌이가 최저생계비(2015년 4인 가족 기준 166만 원) 이하이니 영구임대 아파트를 임대받을 수 있다"는 이야기를 듣고 당장 입주 신청서를 썼다. 그리고 7개월 만에 입주에 성공했다. 남편과 별거해 저소득 한 부모 가정을 꾸린 까닭에 입주 1순위 대상이었기 때문이다. H 씨는 월세 15만 원과 공과금 25만 원 등 매달 40만 원을 주거비로 쓴다. 새벽에 신문을 배달해 버는 월 80만 원의 수입 중 50%에 해당하는 돈이다. 그래도 그는 "큰딸은 방이 갖고 싶다고 했고 작은딸은 놀이터에서 놀고 싶다고 했는데 아파트에 입주해 둘 다 얻었다"면서 "따뜻한 물로 씻을 수 있다는 것에 감사할 뿐"이라고 했다.

H 씨처럼 공공임대주택에 입주하는 '낙타가 바늘구멍 통과할 확률'의 행운을 잡지 못하는 빈곤층은 일반 주택 시장에서 가장 싼 집을 찾아야 한다. 이들을 기다리는 건 전세 2000~3000만 원의 허름한 반지하 셋방이나 옥탑방 정도다. 그마저도 돈이 없어 몇 달씩 방세를 밀리거나 집수리를 요구하다가 쫓겨나는 일이 비일비재하다. 경기 부천에서 초등학생 손주 두 명과 함께 사는 J(64세·여) 씨는 최근 3000만 원짜리 전셋집에서 주인으로부터 나가라는 통보를 받았다. J 씨는 "10년 넘은

서울 개포동 구룡마을과 바로 옆 도곡동 타워팰리스의 대조되는 모습.

보일러가 터져 주인에게 통사정해 수리를 받았는데 그 일 때문에 감정이 상했는지 갑자기 '내년 3월 전세 만기 때 집을 비우라'고 말하더라"고 했다. 빈곤층 중에는 겨울에 난방비를 아끼려 보일러를 오랫동안 틀지 않다가 보일러가 고장 나는 경우가 있는데, J 씨의 경우처럼 집주인에게 밉보일까 봐 수리를 요구하지 못하는 세입자가 적지 않다.

주거비 지출 비율이 워낙 높다 보니 꼭 필요한 세간 살림조차 사지 못하는 극빈층이 많다. 독거노인 K(79세·여) 씨는 세탁기가 없어 아직도 손빨래를 한다. 8평짜리 집 안을 채운 살림이라고는 철 지난 브라운관 TV와 낡은 침대, 1단 목재 옷장과 서랍장이 고작이다. 대부분 남에게 얻거나 주은 것들이다. 남편 없이 아이를 키우는 H(45세·여) 씨가

서울의 마지막 달동네로 불리는 노원구 '백사마을'의 겨울 풍경. 한 주민이 호스를 끌고 비좁은 골목 계단을 오르고 있다.

사는 경기도의 한 임대 아파트 거실에는 형편에 맞지 않는 피아노가 한 대 놓여 있다. 복음성가 가수를 꿈꾸는 첫째 딸(15세)이 피아노가 없어 공책에 흑백 건반을 그려놓고 손가락으로 연주하는 모습을 본 H 씨가 우유 배달을 하는 아파트 단지에서 버려진 피아노를 발견해 집으로 들인 것이다. 건반 몇 개가 망가진 고물 피아노지만 딸에게는 '보물 1호'다. 서울의 공공임대주택에 사는 독신 남성 K(42세) 씨의 집에는 세탁기와 전자레인지가 있지만 제대로 작동하는 게 없다. 그는 "전자레인지는 지난해 겨울 생활고를 비관해 자살한 윗집 남성의 유품을 건네받은 건데 몇 달 썼더니 고장 나더라"고 말했다.

저소득층 밀집촌은 치안도 열악하다. 독거노인 H(91세) 씨가 사는 경기 부천의 다세대주택에는 입구에 가로등 하나 설치돼 있지 않아 성인 남성인 기자가 걸어가기에도 위험해 보였다. 서울 구로구의 단독주택 반지하 셋방에서 세 살 난 딸을 키우는 한 부모 가정의 P(29세·여) 씨는 새벽에 자다가 크게 놀란 적이 있다. 인기척이 들려 눈을 떠보니 누군가가 골목길로 난 방 창문을 열고 들어오려 한 것이다. P 씨는 "'누구냐고 소리쳐서 실제 침입하지는 않았다"며 "집주인에게 방범창을 설치해달라고 여러 번 말했는데도 대수롭지 않게 여기더라"고 했다.

'달동네'도 도시 극빈층의 오랜 보금자리다. 서울의 달동네는 서대문구 개미마을과 노원구 백사마을, 강남구 구룡마을 등 몇 곳 남지 않았다. 10~20만 원짜리 월세방이 있는 개미마을은 1960~1970년대 배경의 시대극 세트장을 옮겨놓은 듯 남루하다. 주민 S(56세·여) 씨는 "30년 전 결혼해 이곳에 들어올 때 '주거 환경이 열악해 1년 뒤면 재개발된다'던 마을이 아직까지 그대로 있다"고 했다. 지은 지 40~50년 된 집들이 몰려 있지만 무허가 건물들인 탓에 재개발이 어렵다. 전체 140여 세대 (주민 250여 명) 중 집 안에 화장실이 없어 마을 공용 화장실을 쓰는 이들이 많고 '푸세식'으로 불리는 재래식 화장실이 있는 집도 20여 곳이나 된다. 2년 전에는 당뇨를 앓던한 50대 남성이 구식 변기를 쓰다발을 헛디디는 바람에 똥구덩이에빠져 사망했는데 며칠이 지나서야발견된 충격적인 일도 있었다. 사정이 좀 나은 나머지 대다수 가구도 '쪼그려 앉기'식 수세식 화장실이다. 마을을 오르는 교통수단이라고는 '07번' 마을버스가 유일한데 눈이 내리거나 빙판길이 되면

이마저도 운행을 멈춘다. S 씨는 "등유 보일러가 있지만 씻을 때만 잠시 켜고 평소에는 장당 500원 하는 연탄난로로 버틴다"면서 "아궁이에 불을 때 난방을 하는 집들도 아직 마을에 남아 있다"고 했다.

용케 겨울을 버틴다 해도 안심할 수 있는 것은 아니다. 인왕산 기슭의 가파른 비탈길을 사이에 두고 낡은 집들이 붙어 있다 보니 기온이 풀리는 봄에는 축대 붕괴 사고가 가끔 발생한다. K(54세·여) 씨는 "몇 해 전 축대가 무너지면서 토사가 창문을 깨고 들어와 딸의 방을 덮쳤다"고 했다. 더운 여름에는 방 안 곳곳에 곰팡이가 피고 천장에서는 비가 줄줄 새기도 한다. 주민들은 2009년 대학생들이 미화사업차 마을 담벼락에 벽화를 그려준 이후에 찾아오는 외지인들이 반갑지 않다. L(45세·여) 씨는 "사람들이 마당에 들어와 빨래 넌 것까지 찍어 인터넷에 올리고 밤에는 플래시를 터뜨려 노인들이 무서워한다"면서 "주민 중에는 '우리가 마치 벽화 속에 갇힌 동물원 원숭이가 된 것 같다'고 푸념하는 사람도 있다"고 말했다.

쪽방과 고시원은 가족 없이 혼자 사는 빈민층의 몫이다. 기자가 찾은 용산구 동자동 쪽방촌의 겨울 풍경은 참혹했다. 마을 어귀의 3층짜리 쪽방 건물에 들어서니 녹슨 난간과 돌바닥이 쩍쩍 갈라진 복도가 나타났다. 공용 세탁 공간의 낡은 세탁기 아래로 낯선 이의 접근에 급히 숨은 쥐의 꼬리 부분이 보였다. 나무로 된 우편함에는 '서부지방법원 재산과'와 'OO 신용정보' 등에서 온 독촉 편지 10여 통이 쌓여 있었다. 주민 B(54세) 씨는 "이곳 주민의 70%는 신용 불량자일 것"이라고 했다.

3층 L 씨의 방은 2.5평 남짓했다. 그는 "이 쪽방촌은 과거 유곽(집창촌)으로 방마다 성매매가 이뤄졌는데 내 방은 관리실이었던 곳이라 넓은 편"이라고 했다. L 씨의 말처럼 다른 쪽방들은 1평이 채 되지 않는다. 이곳의 한 달 임대료는 15~20만 원 수준이다.

고시원은 옆방 숨소리까지 들리는 2평 공간이지만 싼 곳은 20만 원으로 한 달을 날 수 있다. 서울 외곽이나 농촌 지역에는 쪽방 대신 비닐하우스나 컨테이너에 거주하는 사람도 많다.

시가 40억 원
77평 호화 빌라
집 안이 명품관이다

크리스마스를 이틀 앞둔 2014년 12월 23일 오후, 서울 청담동의 도로는 역시 '강남 중의 강남'답게 각종 외제 차로 붐비고 있었다. 갤러리아 백화점에서 청담사거리까지 이어진 800여 미터의 '명품 매장 거리'를 걷다가 한강 방향으로 나 있는 골목길로 들어서자 눈앞에 이국적인 풍경이 펼쳐졌다. 아기자기하면서도 고급스러운 카페와 갤러리, 스튜디오 등을 지나자 길바닥에 쓰레기 하나 떨어져 있지 않은 골목길 양쪽으로 5층 이하의 고급 빌라들이 모습을 드러냈다. 3~4미터 높이의 웅장한 담벼락과 십수 미터 간격으로 설치돼 있는 폐쇄회로 텔레비전(이하 CCTV)이 '이방인'을 노려봤다. 청담중학교와 청담사거리, 영동대교 남단을 경계로 한 1.5제곱킬로미터 정도 면적의 '청담동 빌라촌'이다.

이 중 한 빌라의 정문으로 발걸음을 옮겼다. 비밀번호 없이는 빌라 안에 발을 디딜 수 없고 주민이 인터폰을 통해 열어줘야 건물에 들어설

20세기 초의 유럽풍 스타일로 꾸며진 서울 청담동 고급 빌라 내부 모습.

수 있다. 문이 열리자 50대 경비원이 경계 섞인 눈빛을 보내며 낯선 이를 맞았다.

이윽고 취재를 위해 어렵사리 섭외한 중소기업 사장 부인 A(52세) 씨의 빌라에 들어섰다. A 씨의 집은 256제곱미터(77평) 규모로 시가 40억 원을 호가한다. 현관을 지나자 20세기 초 유럽풍의 거실이 눈에 들어왔다. 넓은 거실 창으로 들이친 오후의 햇살과 구석마다 놓여 있는 스탠드 불빛이 집 안을 부드럽게 감쌌다. 짙은 갈색 톤의 원목 마루가 깔린 50제곱미터(15평) 정도 넓이의 거실 위로 이탈리아 명품 브랜드인 '펜디' 카펫이 놓여 있었다. 그 주변으로 프랑스 명품 가구인 '로쉐보보아' 소가죽 8인용 소파와 2인용 패브릭 소파가 직각으로 자리해 있었고, 집주인이 손수 고른 추상회화와 조형 작품들도 거실 벽면과 주변을 꾸미고 있었다. A 씨는 "고풍스러우면서도 현대적인 감각을 살리기 위해 네오클래식 풍으로 했다"면서 "얼마 전 유명 영화배우가 '웃돈을 얹어줄 테니 집을 팔라'고 했지만 거절했다"고 했다.

거실 창가 쪽에는 1억 3000만 원대의 독일제 '스타인웨이' 그랜드피

서울 청담동 고급 빌라 내부 모습.

아노가 놓여 있었는데, 지난해 초 영국 명문대에 입학한 외아들에게 입학 선물로 사준 것이라고 했다. 부부 침실에는 빅토리아풍 침대와 패브릭 소파 등이 놓여 있었다. 아들 방 역시 원목 침대와 소파, 책상 등이 갖춰져 있었고, 주방 찬장에는 덴마크의 유명 식기 브랜드인 '로얄 코펜하겐' 접시들이 우아함을 뽐내고 있었다. A 씨는 "아들과 영국에서 지낼 때 사 모았던 가구들을 이삿짐으로 갖고 들어온 게 많지만 요즘도 취미 삼아 틈틈이 수입 가구 전문점에서 사들인다"고 했다. 그러면서 "남편이 '스탠드를 더 사오면 집을 나가겠다'고 협박했지만 아직 집에 잘 들어오는 걸 보니 본인도 인테리어에 만족하는 눈치"라며 웃었다.

수도권에서 운수 업체를 운영하는 B 씨는 2년 전 서울 한남동의 한 고급 아파트 단지로 이사 왔다. 옛 단국대학교 부지에 자리한 이 아파트는 2009년 한국의 '비벌리힐스'를 표방하며 분양을 시작했다. 이 단지의 생명은 보안이다. 단지 입구에서부터 경비 요원이 낯선 이를 막아섰다. 11만 제곱미터(약 3만 3300평) 규모의 단지 안 곳곳에 CCTV가

설치돼 있는 것은 물론, 청색 유니폼을 입은 경비 요원과 관리소 직원들이 수시로 단지 길가를 오가고 있었다. 거래가가 30억 원이 넘는 B씨의 284제곱미터(86평)형 아파트에 들어서자 70제곱미터(21평)가 넘는 거실이 시원하게 눈에 들어왔다. 바닥과 대부분의 벽이 크림색 대리석으로 되어 있었다. 드레스룸을 지나 욕실에 들어서자 센서로 사람이 들어서는 걸 인식한 변기 뚜껑이 자동으로 열렸다. 욕실 크기만 10제곱미터(3평) 가까이 돼, 웬만한 호텔 스위트룸 화장실보다 넓었다. 욕조 앞에는 미니 TV도 설치돼 있었다. 안방 베란다로 나가니 한남동 전경이 한눈에 들어왔다.

아파트를 나와 커뮤니티 센터(입주민 센터)로 향했다. 단지 안은 거대한 '야외 갤러리'다. 생태 연못, 소나무 가로수길, 생태 수로 등이 있었고 곳곳에 해외 유명 작가들의 조형 작품들이 보였다. 센터 앞에는 연꽃 모양을 한 영국 작가 마크 퀸Marc Quinn의 〈욕망의 고고학〉이 자리하고 있고, 마티외 메르시에Mathieu Mercier, 베르나르 브네Bernar Venet 등 다른 저명한 작가들의 작품도 눈에 띄었다.

센터에 들어서자 온갖 꽃들을 모아 그린 마크 퀸의 대형 유화 작품과 크리스마스트리, 샹들리에 등으로 장식된 로비가 눈에 들어왔다. 영어로 재잘대는 아이들과 젊은 어머니들이 수영장으로 향하고 있었다. 로비 안내원에게 라커 키를 받아 실내 수영장으로 들어섰다. 네댓 명의 아이들이 강화유리 천장에서 내려온 햇살을 받으며 네 개 레인에서 물살을 가르고 있었고, 안락의자에 앉은 엄마들의 웃음소리가 간간이 수영장의 허공에 울려 퍼졌다. 2층에는 구사마 야요이草間彌生의 조형 작품 〈호박〉을 중심으로 카페가 마련돼 있었다. 커피와 음료수 등이 3000원 남짓으로 저렴한 편이었고 센터를 이용할 때는 현금이나 카드를 쓰지 않고 입주자 카드로 먼저 결제한 뒤 관리비 등으로 사후 정산하는 방식이었다. 사우나와 스크린골프장 등 다른 시설들도 5성급 호텔 수준이었다. B 씨는 "단지 가구 수가 600가구 정도지만 여기 주민센터는 2000세대 규모의 강남 아파트보다 훨씬 넓다"면서 "이곳 가격이 3.3제곱미터당 4000만 원이 넘는 데다 관리비만 매달 200만 원 가까이 나오지만, 시설이나 입지 조건, 입주민들의 수준 등을 감안하면 서울 시내에서 여기만 한 곳이 없다"고 했다.

대형 병원 원장의 부인인 C(52세) 씨는 부자의 군집화群集化를 보여주는 대표적인 사례다. C 씨 남편의 병원은 경기 성남시에 있지만 집은 서울 압구정동이다. 압구정으로 주거지를 정한 가장 큰 요인은 '동네 분위기'였다. C 씨는 "병원 인근의 분당 지역은 삭막한 주상 복합으로 가득 차 있어 사람 사는 곳 같지 않다"면서 "압구정동은 친한 사람들이 많이 사는 데다 동네 분위기도 아늑해서 좋다"고 했다.

부촌은 공기도 다르다. 청담동 빌라에 거주하는 변호사 D(47세) 씨는 "거리를 청소하는 집진 차량이 하루에도 두세 번씩 왔다 갔다 하기 때문에 집 먼지가 덜하고 공기도 좋다"면서 "강남 쪽이 다른 지역에 비해 평균 수명이 높을 수밖에 없을 것"이라고 했다. 가로등도 다른 지역에 비해 많아 밤에 상대적으로 덜 어둡다고 한다.

부자들은 집을 재테크 수단으로 삼지 않아도 되니 살기 좋은 곳에 오래 눌러 앉는 경우가 많다. 복지재단 이사장 E(73세) 씨는 1980년대 초반 이후 인생의 절반을 '방배동 주민'으로 살아왔다. 그동안 이사를 세 번 했지만 모두 방배동 안에서만 맴돌았다. 인근 호텔 레스토랑 회원권도 가지고 있어 약속도 가능하면 주변에서 잡는다. 아파트 대신 단독주택만 고집했다. 지금 사는 집도 대지 400제곱미터(121평), 건평 150제곱미터(45평)의 2층 단독주택으로 시가 40억 원 정도다. 1년에 두세 번은 가족끼리 가든파티도 연다. E 씨는 "방배동은 강남치고는 조용한 편이어서 제2의 고향 같은 곳"이라며 "밤에 서너 번씩 순찰차가 다니는 데다 보안 업체 서비스도 이용하고 있어 불안감을 느낀 적은 거의 없다"고 했다.

지방대 교수인 F(55세) 씨도 올해로 21년째 목동 주민이다. 유산 등으로 순자산만 50억 원이 넘지만 지금 사는 단지에서 10년 넘게 살고 있다. 주 중에는 학교가 있는 지방 도시에 머물지만 주말에만 목동에서 생활해도 만족스럽다. 아이들이 외국에서 몇 년 생활하다가 이곳으로 다시 돌아왔지만 적응하는 데에는 전혀 문제가 없었다. 주변에 외국 생활을 한 학생들이 워낙 많기 때문이다. F 씨는 "목동에 사는 아이들끼리 연애나 결혼을 하는 사례가 주변에 많은 걸 보면 과거 '여의도 키드kid'처럼 '목동 키드'라는 공감대가 있는 것 같다"고 했다.

지역 커뮤니티도 활발한 편이다. 자녀 학교나 학원 등을 매개로 한 모임도 만들어진다. D 씨는 "타워팰리스 문화에 끼기 위해 타워팰리스나 아이파크에 월세로 사는 사람들도 주변에 꽤 있다"면서 "특히 사업하는 사람들은 이웃 인맥을 통해 비즈니스를 한다"고 했다. A 씨는 "청담동 주민들은 부모가 고위 관료나 전문직, 기업인인 경우가 대다수여서 어릴 때부터 부유한 환경에서 자란 경우가 많다"면서 "안정적으로 살아왔으니 비슷하게 자란 사람들 사이에서 편안함을 느낄 수밖에 없을 것"이라고 했다.

상위 1%는 집 내부에 대한 투자도 아끼지 않는다. 중소기업 사장 G(65세) 씨는 20여 년 전 압구정동 아파트 꼭대기층 중형 평수 두 채를 산 뒤 벽을 터 합치는 식으로 리모델링했다. 거실 천장을 강화유리로 만들어 실내에 햇빛이 그대로 들어올 수 있게 했고 작은 연못까지 만들었다. G 씨는 최근에 "아이들이 모두 결혼해서 이젠 큰 집이 필요 없지만 집 안 구석구석 손때가 묻어 쉽게 팔지 못하고 있다"고 했다. 외국계 기업 한국 지사장인 H(44세) 씨는 4년 전 싱가포르에서 귀국하면서 180제곱미터(55평)형의 동부이촌동 아파트를 15억 원 정도에 샀다. 그리고 시스템에어컨, 대리석 자재 등 시설 확충과 구조 변경에 2억 원 넘게 썼다. H 씨는 "외국에 살 때처럼 모던한 분위기로 바꿨다"고 했다. 한 은행 프라이빗 뱅커private banker(이하 PB)는 "유명 건축가에게 의뢰해 집을 아예 갤러리로 짓거나 한옥을 사들여 인테리어에만 수억 원을 쓰는 경우도 많다"고 전했다.

4장

자산 관리

절대 빈곤층의 자산 관리

월 10만 원이라도 저축
쪽방의 재테크는 '희망'

상위 1%의 자산 관리

해마다 5억 원 이상 상속
압구정 재테크는 '대물림'

월 10만 원이라도 저축
쪽방의 재테크는 '희망'

경기 하남시에 사는 싱글맘 A(39세) 씨는 세 자녀의 명의로 한 달에 총 10만 원의 생명보험료를 내고 있다. 저축성 보험이라 비상시에 대비하면서 돈까지 모을 수 있다. 여기에 가급적 매달 10만 원씩 저축하려 노력하고 있다. 팍팍한 살림 탓에 아직까지 100만 원밖에 모으지 못했지만 A 씨는 아라비아 숫자 '0' 여섯 개가 일렬로 찍힌 통장 잔고를 볼 때마다 마음이 뿌듯하다. 보험료와 저축액을 합해 매달 많아야 20만 원이 나가는 정도지만 A 씨에게는 쥐꼬리만 한 수입의 6분의 1 이상을 차지할 정도로 큰돈이다.

A 씨의 한 달 수입은 월 130여만 원의 기초생활보장수급비가 전부다. 이 중 지금 살고 있는 15평 빌라 월세로 41만 원이 나간다. 여기에 생후 8개월인 막내딸이 쓰는 기저귀 등 육아 용품으로 20만 원, 본인과 초등학교 6학년 아들이 쓰는 휴대전화 요금으로 10만 원, 아들의 태권

도 학원비 12만 원, 큰딸(4세)의 어린이집 특별활동비 8만 원 등이 더해진다. 식비로는 20만 원 정도 쓴다. 수급권자로서 전기나 수도 등 각종 공과금 할인 혜택을 받는 게 그나마 다행이다. A 씨는 "가족의 미래를 위해 어떻게든 조금이라도 저축을 하지만 '그 돈이면 큰아이를 학원에 보낼 수도 있는데' 하는 고민이 떠나지 않는다"고 털어놨다.

서울 노원구 중계동에 사는 간호조무사 B(45세·여) 씨도 매달 15만 원의 정기적금을 붓는다. 간호조무사 월급 135만 원에 주말 일본어 과외로 버는 24만 원, 정부에서 극빈층 모자 가정의 초등학생 이하 자녀에게 한 명당 5만 원씩 지급하는 지원금까지 합쳐 B 씨의 한 달 총수입은 174만 원이다. B 씨는 "고등학생을 포함한 자녀 네 명과 함께 어떻게든 먹고살기 위해 매일 전쟁을 벌이지만 저축마저 안 하면 살아갈 의욕을 잃을 것 같다"고 했다.

B 씨의 간호조무사 업무 시간은 오전 7시 20분부터 오후 7시까지다. 출퇴근 시간까지 합치면 하루 14시간 넘게 일에 쏟아붓는 셈이다. 토요일은 쉬지만 일요일에는 격주로 출근한다. 이렇게 해서 매달 30만 원의 월세 외에도 전기세, 수도세 등으로 30만 원을 더 낸다. 한창 크는 아이들은 무섭게 먹는다. 아무리 못해도 식비로 60만 원은 써야 한다. 둘째와 셋째 태권도 학원비로 19만 원, 막내 어린이집 독서 교실 비용으로 5만 원을 쓴다.

중계동의 판자촌 '백사마을'에서 부인과 함께 살고 있는 C(73세) 씨도 없는 살림 가운데서 조금씩 쪼개 저축하고 있다. 매달 부부가 받는 노령연금 40만 원과 조금씩 나오는 국민연금이 수입의 전부다. 이 중 20만 원을 매달 은행에 넣고 있다. 좀 더 괜찮은 곳으로 집을 옮기고 싶어서다. C 씨는 "우리도 이제 제대로 된 전세를 살아야겠다는 생각에 돈을 조금씩 비축하는 중"이라며 "서울을 벗어나면 전세가 좀 싸니까 꾸준히 모으면 이사를 갈 수 있지 않을까 생각된다"고 했다. 그는 "여기 사는 사람들이 다 어렵게 살지만 그래도 좋은 곳으로 전세를 얻어갈 꿈을 가진 사람도 있다"고 했다.

C 씨는 현재 살고 있는 판잣집에 1500만 원의 보증금을 집주인한테 주고 들어왔다. 전세 보증금 격이지만 엄밀히 말하면 보통의 전세 개념은 아니다. 비가 새고 무너질 듯한 낡은 집에 집주인이 1500만 원만 받고 사실상 무한정 살도록 한 것이다. 그러니 일반 전세와 달리 집수리도 다 C 씨의 돈으로 해야 한다. 그는 "그래도 다른 데 가면 못해도 7000~8000만 원은 줘야 전세를 얻는데 여기는 이렇게 (구호단체에서) 연탄도 날라 주니 당장 어려운 사람들한테는 이런 데가 없다"고 했다. C 씨는 매달 부부의 휴대전화(폴더폰) 요금과 식비 등을 빼면 특별히 나가는 돈이 없어 저축을 할 수 있다고 한다.

앞에서 소개한 세 사람의 경우와 같이 하루하루 먹고살 일을 걱정해야 하는 절대 빈곤층 중에서도 없는 돈을 쪼개 저축하는 가구가 서울신문 취재 결과 아주 적게나마 있었다. 내일에 대한 희망마저 버릴 수는 없기 때문이다. 빈곤층 중에서도 남성보다는 여성이 저축을 하는 사례가 많은 것도 특징이다. 부천시 오정노인복지관 관계자는 "할머니들은 기초생활수급자라도 수급비를 통장에 알뜰하게 모아두지만 할아버지들은 며칠 만에 다 써버리는 경우가 적지 않다"고 했다.

서대문구에 사는 극빈층 남성 D(44세) 씨는 한때 지방 공사 현장이나 양계장 등에서 일할 때 한 달에 400만 원을 벌기도 했다. 하지만 주머니에 일단 돈이 들어오면 남김없이 쓰는 습성 탓에 돈을 모으지 못했다. 그는 한 달 수입이 90만 원에 불과한 요즘도 주머니 사정이 좀 괜찮다 싶으면 한 그릇에 3만 원이 넘는 '전복 삼계탕'을 사 먹는다. 배우자가 없는 D 씨는 돈을 관리해주는 사람이 주변에 없을 뿐 아니라 돈에 대한 개념도 익히지 못했다고 한다. 그는 "건강이 안 좋아져 일을 못할 때를 대비해 돈을 쌓아둬야겠다는 생각도 들지만 저축 습관이 들지 않아 주머니에 일단 돈이 들어오면 쓰는 편"이라고 했다.

D 씨는 한 달에 평균 10일 정도 건설 현장에서 막노동을 한다. 날씨가 나쁘거나 일자리가 바로 나타나지 않아 더 많이 일하고 싶어도 하지 못한다. 일당 10만 원에서 직업소개소 소개비로 1만 원을 뗀 9만 원이 그의 하루 수입이다. 매달 생활비는 40~50만 원 정도 들어간다. 현재 살고 있는 빌라 임대료는 월 17만 원. 2014년 11월에 전기세 3만 1050원, 수도세 1만 2950원, 디지털 TV 요금 3만 2890원, 도시가스 요금 3100원을 썼다. 이를 함께 사는 지인과 나눠 낸다. 식료품과 각종 용품 등을 사고 나면 남는 돈은 매달 10만 원 정도인데 이 돈은 PC방 요금 등 여가 비용으로 쓴다.

하지만 남녀를 막론하고 최저생계비 이하의 생활을 이어가느라 허

더이는 대다수 빈곤층에게 저축은 '사치'에 가깝다. 경기 부천시 원미구에 사는 E(65세·여) 씨의 최근 한 달 수입은 50만 원이 채 안 된다. 이 돈으로 초등학교 6학년과 2학년인 손자 두 명과 연명하는 처지다. 노령연금 20만 원과 복지 단체의 조손 가정 지원금 24만 원이 전부다. 노령연금이 나오기 전에는 한 달에 10만 원으로 생활한 적도 있다. E 씨는 한겨울에도 가스 난방을 하지 않는다. 그 대신 잘 때만 전기장판을 잠시 튼다. 가스비는 1000원 이하, 전기세와 수도세도 각각 1만 원 남짓 나온다. 아무리 안 먹어도 한 달에 식비로 20만 원은 써야 한다. 동네 마트의 '떨이 상품'을 주로 산다.

그나마 주변의 도움이 있어 어떻게든 버티고 있다. 지역 복지관에서 밑반찬을 지원받고 10킬로그램에 2만 2900원 하는 정부미를 동사무소 등에서 구매할 수 있다. 주의력 결핍 과잉행동 장애ADHD 증세를 보이는 큰손자는 초등학교 교사의 지원으로 매달 8만 원을 내야 하는 태권도를 무료로 다닌다. 작은손자는 전에 다니던 어린이집 원장이 철마다 옷을 사준다. E 씨는 "남편이 세상을 떠난 2010년 이전에는 매달 20만 원 정도 저축했지만 이젠 다 까먹고 남의 이야기가 돼버렸다"고 했다. E 씨의 현재 생활 형편만 보면 기초생활보장 수급권자가 되고도 남지만 지정을 받지 못하고 있다. 강원도에 땅이 조금 있기 때문이다. E 씨는 "남편이 사망하면서 유산으로 나하고 두 아들한테 공동명의로 땅이 상속됐다"며 "그러나 아들들이 사이가 안 좋은 데다 작은아들은 감옥에 들어가 있어 땅을 처분하지도 못하고 있는 상태"라고 했다.

경기 광명시에 사는 F(91세·여) 씨도 노령연금 20만 원에 공장에 다니는 손녀딸이 보내주는 30만 원 등 50만 원으로 근근이 생활한다. 이 돈으로 인근에 사는 수양딸이 F 씨를 봉양한다. 매달 각종 약값만 10만 원이 나간다. F 씨는 "젊었을 때 장사하러 돌아다니느라 하도 고생을 해서 골다공증에 걸려 파스 없이는 한시도 못 견딘다"면서 "여기에 우울증약과 우황청심환 등을 사면 남는 돈이 없다"고 했다.

빈곤층의 경우 상속은 꿈도 못 꾼다. 자식들에게 손을 벌리지 않으면 그나마 다행이지만 현실은 이를 종종 배반한다. 부천에 사는 독거노인 G(82세) 씨는 자식들 앞에서 한없이 작아진다. 60대인 두 아들이 변변한 직업이 없는데도 매달 그에게 10만 원씩 부쳐준다. 음식은 주말마다 집에 들르는 둘째 며느리의 몫이다. 의복 역시 복지관에서 얻어 입거나 며느리가 가져온 옷을 입는다. G 씨의 한 달 수입은 노령연금 20만 원과 아들들이 부쳐주는 돈을 합해 30만 원이 전부다. 한때 서울 성북구 장위동에 10여 평의 집도 갖고 있었지만 부인 병치레 등으로 다 날렸다. G 씨는 "노령연금으로 가스비 등 각종 공과금을 내면 남는 게 없다"고 했다.

어렵게 사는 와중에 자식들로부터 부양은 못 받을망정 시달림을 받는 노인들도 보인다. 강남구 개포동의 판자촌 '구룡마을'에 사는 70대 후반의 H 씨는 "가끔씩 자식들이 찾아와서 (그나마 있는 돈을) 싹 뒤져서 가져간다"면서 "그래 봤자 워낙 가진 돈이 없으니 가져가는 돈도 별로 없다"고 했다.

해마다 5억 원 이상 상속
압구정 재테크는 '대물림'

서울 성북구 성북동에 사는 300억 원대 자산가 A(92세) 씨는 구순이 넘은 나이에도 매일 이른 새벽에 일어나 외신을 꼼꼼히 챙겨보는 것으로 하루를 시작한다. CNN 등 외국 방송은 물론 ≪월스트리트저널Wall Street Journal≫과 ≪파이낸셜타임스Financial Times≫ 등 경제 전문지도 태블릿 PC로 살핀다. 속칭 '슈퍼 개미'인 그는 오전 9시 본인 소유의 강북 지역 빌딩에 있는 사무실로 출근해 국내 금융시장을 꼼꼼히 체크한다. 오후 6시 퇴근 시간 전까지 투자 전략을 짜고 투자를 단행한다. 개미 투자자들이 속절없이 나가떨어졌던 2008년 글로벌 금융 위기 직후에도 장기 투자를 통해 짭짤한 수익을 올렸다.

그의 성공 가도에서 가장 위력적인 '무기'는 영어였다. 그는 그 나이 또래에 몇 안 되는 '미국 유학파'다. 유학을 마치고 귀국한 뒤에는 미군을 상대로 사업을 벌어 큰돈을 벌었다. 영어를 통해 얻은 정보가 '일확

천금'으로 이어지던 시절이었다. 이를 토대로 부동산과 주식으로 투자 범위를 넓혀 본격적으로 재산을 축적했다. 그는 요즘 연 10억 원 가까운 빌딩 임대료 수익을 얻지만 여전히 영어를 토대로 한 국제 감각을 활용해 돈을 번다. 그의 투자 대상은 한국을 벗어난다. 해외 금융시장뿐 아니라 미국 로스앤젤레스 지역의 부동산 투자를 위해 미국행 비행기를 종종 탄다.

체력 유지도 필수다. 매일 새벽에 일어나 맨손체조를 한 뒤 인근 야산을 오르내린다. 여간해서는 엘리베이터도 타지 않는다. 과다한 운동으로 얼마 전에는 발목 수술을 받았을 정도다. A 씨는 "규칙적으로 생활하면서 전 세계에서 돈이 어떻게 돌아가는지 감을 잃지 않으니 돈이 수중으로 들어왔다"고 말했다.

A 씨의 경우 100% '개천에서 용 난' 사례로 볼 수는 없지만 본인의 노력이 상당 부분 작용한 자수성가형이라고 할 수 있다. 하지만 A 씨 이후의 세대에서는 부모로부터 직접적으로 받는 상속이 부를 형성하는 추세가 짙어지고 있다.

경기 고양에 사는 B(41세) 씨는 1년 전 부모로부터 시가 30여억 원의 공장 부지를 물려받았다. 부모가 손주들 교육비에 보태 쓰라면서 증여를 시작한 것이다. 부동산 증여는 고소득으로 이어졌다. 그는 부지 내 다섯 곳의 공장으로부터 매달 750만 원의 임대료를 받는다. 가만히 앉아서 올리는 임대 수입만 한 해 9000만 원으로 웬만한 고액 연봉자 수준이다. 돈이 돈을 버는 '행운아' 반열에 오른 것이다.

그의 부모는 공직 생활을 하며 틈틈이 땅을 사 모아 100억 원대의 재산을 축적했다. 그가 부모의 도움을 받은 건 이번이 처음이 아니다. 여러 차례 사업 밑천을 대준 것은 물론, 사업이 망했을 때 뒷감당도 부모의 몫이었다. 일반인에게는 인생에 한 번 올까 말까 한 '패자부활전'을 그는 부모덕에 여러 차례 치른 셈이다.

강남구 압구정동에 사는 C(38세·여) 씨는 최근 2년간 증여세만 2억원 넘게 냈다. 시댁으로부터 10억 원 이상을 물려받았기 때문이다. 주식과 토지, 현금 등 형태도 다양하다. 패션 업종 중견 업체를 경영하는 시댁은 앞으로도 틈틈이 증여할 가능성이 높다. 지금 살고 있는 압구정동의 상가 건물 역시 C 씨 부부의 소유가 될 것으로 보인다. 부부가 맞벌이를 하지만 부모가 물려주지 않는 한 꿈도 꿀 수 없는 금액이다.

C 씨는 증여받은 재산을 시댁에서 소개해준 시중은행 PB에게 맡겨 관리한다. 금융상품의 수익률은 연 5% 정도다. 10%가 넘었던 글로벌 금융 위기 이전에 비하면 못 미치는 수준이지만, 최근의 불경기와 저금리 상황을 생각하면 이 정도도 적지 않다. 월급 말고도 연 5000만 원이 통장에 꼬박꼬박 들어온다. C 씨는 "시부모께서 세금 문제 때문에 과거에 곤란했던 경험이 있는 데다 자식들에게 일찌감치 돈 굴리는 경험을 쌓게 하기 위해 재산을 미리 나눠 주고 있다"고 했다.

전직 대학교수인 D(68세) 씨는 3년 전에 정년퇴직하면서 100억 원대 재산 중 70억 원 정도를 2남 1녀 자식들에게 나눠줬다. 서울 반포의 특급 호텔 헬스 회원권과 D 씨 부부의 실버타운 생활비, 1년에 한 번 정도 해외여행을 떠날 수 있는 비용 등 총 30억 원이 그에게 남은 전부다. D 씨는 "셋 중 형편이 좀 안 좋은 아들 한 명에게 더 증여하려고 했지만 딸이나 사위 눈치가 보여 똑같이 나눠줬다"면서 "그래도 죽기 전에 '숙제'를 마친 것 같아 편안하게 여생을 보낼 수 있을 것 같다"고 했다.

외국계 기업 한국지사장인 E(44세) 씨의 사례는 부모의 재산과 개인의 능력이 만났을 때의 시너지 효과가 얼마나 큰지를 보여주는 사례다. 그의 연봉은 10억 원이 넘는다. 미국 본사에 근무할 당시에는 성과급까지 합쳐 연 200만 달러 넘게 번 적도 있다. 현재 그의 자산은 100억 원대다. 그러나 이를 모두 연봉만으로 모은 건 아니다. 부모의 증여가 큰 뒷받침이 됐다. 그의 부친은 한때 국내 굴지의 건설사 최고경영자CEO를 지냈다. 칠순이 넘은 나이에도 여전히 관련 기업의 CEO로 재직 중이다.

E 씨의 부친은 아직 본격적인 상속을 시작하지 않았다. 그러나 벌써 예금과 보험 등을 활용해 20억 원 가깝게 물려준 상태다. E 씨는 자신의 연봉과 이를 종잣돈 삼아 금융상품에 직접 투자한다. 미국과 싱가포르, 홍콩 등의 금융시장이 주 무대다. 현재 거주 중인 서울 용산의 15억 원대 아파트와 함께 싱가포르에 주상 복합 주택을 소유하고 있다. 그가 미국의 유명 사립고와 명문대를 졸업한 뒤 소위 '잘나갈 수' 있었던 것도 부모의 막대한 교육비 투자가 '마중물'이 됐기에 가능했다. E 씨는 "몇 년 전에는 리스크가 상대적으로 큰 선물옵션에서도 짭짤한 수익을 올렸다"면서 "건설업에 종사하는 부친과 투자 정보를 교환한

다"고 말했다.

E 씨의 경우처럼 단순히 돈을 주는 것뿐 아니라 '노하우'를 전수하는 부자도 보인다. '물고기' 대신 '낚시하는 법'을 가르쳐, 부모 세대가 물려준 부를 효과적으로 늘리고 향유할 수 있도록 하는 것이다. 중소 제조업체 사장 F(64세) 씨는 아들이 미국에 유학 중일 때 학비와 생활비를 전액 지원해줬다. 그러나 방학 때 한국으로 들어오면 용돈을 한 푼도 주지 않았다. 표면적인 이유는 "네 유흥비는 네가 벌어서 써야 한다"는 것이었다. 그러나 실제로는 돈이 얼마나 소중한지 자식에게 알려주기 위해서였다. 아들은 방학 기간에는 화장품 공장 등에서 틈틈이 일해 용돈을 벌었다. F 씨는 "외환 위기 직후 서울 강남이나 대전 등으로 땅을 보러 갈 때 당시 초등학교 고학년이던 아들을 꼭 데리고 갔다"면서 "부동산뿐 아니라 좋은 '물건'을 어떻게 판별하는지 현장에서 직접 알려준다는 취지였다"고 했다.

재산 관리를 위해 '정치판'에 뛰어드는 부유층도 발견된다. 특히 '상위 0.1% 부자'들은 재산을 지키기 위해서는 어느 정도 사회적 영향력이 필수적이라는 데 입을 모았다. 500억 원대 자산가인 G(44세) 씨는 불과 5년 전까지만 하더라도 '은행 맨'이었다. 대학을 졸업한 뒤 15년 가까이 국내 대형 시중은행에서 근무했다. 본점에서 쭉 일할 정도로 능력도 인정받았다. 하지만 글로벌 경제 위기가 한창이던 2009년 초, 직장을 제 발로 걸어나갔다. 부동산 관리업을 하던 부친에게 '노하우'를 전수받기 위해서였다. 마침 당시 금융권의 분위기도 어수선했다.

요즘엔 수도권 지역의 여당 당원협의회 활동에도 적극적이다. '명예직'에 가깝지만 산하 위원회 위원장 자리도 맡았다. G 씨는 "경제력을 갖췄으니 정치적 영향력을 갖고 싶다는 생각도 없지 않지만, 우리 집안의 부를 지키기 위한 '방패'를 얻는 게 정치 활동의 일차적 목표"라며 "재산이 일정 정도 넘어서면 정치적 힘이 필요하기 때문"이라고 말했다.

반면 '부의 대물림' 시기를 최대한 늦추는 상위 1% 부자도 많다. 돈은 무엇보다 강력한 '권력'인 만큼 가능한 한 오랫동안 손에 쥐려는 심리가 강하다는 것이다. 한 시중은행 PB는 "부자들은 돈의 통제권을 놓지 않으려고 하는 데다 자식이나 주변 사람들이 이를 권하기도 쉽지 않아 미리 증여를 하지 못하는 사례가 많다"고 말했다. 증여 시점이 늦어질수록, 그리고 분산하지 않고 한꺼번에 할수록 증여세 부담은 커진다. 그는 "고객 중 한 명이 얼마 전에 시가 130억 원짜리 빌딩을 매각했지만 증여세 등을 떼고 나니 결국 자식에게는 50억 원 정도밖에 돌아가지 않았다"고 전했다.

자식에게 재산을 물려주는 대신 기부를 택하는 자산가도 없지 않다. 명품 패션 브랜드 업체 대표인 H(59세) 씨는 얼마 전 자식 둘에게 "재산의 20%만 상속하겠다"고 천명했다. 자식이 물려받은 재산을 관리하지 못하면 결과적으로 자식을 망치는 일이기 때문에, 본인 스스로 돈 버는 재미를 느끼고 성공을 체험하게 하는 데 일정 금액 이상은 악효과를 낸다는 것이다. H 씨는 "재산의 20% 정도면 20여 년 전 800만 원으로 사업을 시작한 나보다 훨씬 여유 있게 시작하는 것"이라고 말했다.

5장

입는 것

절대 빈곤층의 입는 것	상위 1%의 입는 것
'옷무덤' 쇼핑	'황제' 쇼핑
1000원도 사치	한자리서 10억

'옷무덤' 쇼핑
1000원도 사치

"골라 골라. 1000원 1000원!"

체감온도가 영하 6도까지 떨어진 2015년 1월 7일, 서울 동묘앞역 벼룩시장. 동묘 담벼락을 끼고 이어진 길가 곳곳에 돗자리가 깔려 있고 그 위에 손때 묻은 티셔츠와 바지, 코트와 패딩 등 각양각색의 중고 제품 옷들이 수북이 쌓여 있다. 목도리에 모자까지 뒤집어쓴 손님 10여 명이 이 '옷무덤'들 중 한 곳에 웅크리고 앉아 입을 만한 것을 찾기 위해 바삐 옷들을 헤집는다. 50대로 보이는 한 여성은 추위에도 아랑곳하지 않고 입고 온 점퍼를 벗고 골라잡은 패딩 점퍼 하나를 그 자리에서 걸쳐본다.

좀 더 값이 나가는 물건들은 길거리에 놓인 가판대나 이동식 옷걸이에 걸려 있다. 5000원짜리 바지에서 2만 원짜리 점퍼, 5만 5000원짜리 패딩도 있다. 옷 더미 속에서 1000원짜리 베이지색 바지를 구입한

서울 종로구 동묘 벼룩시장을 찾은 시민들이 한 벌에 5000원짜리 헌 옷을 둘러보고 있다(왼쪽). 같은 시장에서 한 시민이 1000원짜리 목도리를 살펴보고 있다(오른쪽).

P(60세) 씨는 "남이 입었던 것이지만 집에 가서 빨면 새것이나 다름없다"면서 "운이 좋으면 예상외로 좋은 물건을 건질 때가 있다"고 했다. 경기 하남시에서 한 시간 동안 버스를 타고 왔다는 그는 입고 있던 검은색 패딩 점퍼도 이곳에서 구입한 것이라고 했다.

비수급 빈곤층인 K(44세) 씨는 1년에 대여섯 번 이곳에서 '쇼핑'을 한다. 이번 겨울에는 2만 원짜리 '짝퉁' 블랙야크 방한 점퍼와 5000원짜리 바지를 구입했다. 한 달에 열흘 정도 막노동을 해 80~90만 원을 버는 K 씨에겐 이 옷이 '생활복이자 작업복'이다. 막노동을 하러 갈 때도, 친구들을 만날 때도 이 옷을 입는다. 여름옷은 1만 원이면 두 벌을 사는데 겨울옷은 가격이 더 비싸니 부담이 배가 된다. K 씨에게 패션을 통해 개성을 드러낸다는 것은 먼 나라 이야기다. 옷이란 몸을 가리고 추위와 더위를 막는 '원시적' 기능을 할 뿐이다.

여름에 K 씨는 서울역 앞에서 자원봉사단체들이 나눠 주는 옷과 자신의 옷을 교환해서 입곤 했다. K 씨가 입었던 옷을 단체에 주면 세탁

서울 종로구 동묘 벼룩시장에 헌 옷들이 진열돼 있다(왼쪽). 서울 동대문구 풍물시장에 헌 구두와 운동화가 뒤죽박죽 섞인 채 진열돼 있다(오른쪽).

된 옷을 내주고 K 씨의 옷은 세탁해서 다른 사람에게 주는 방식이다. 노스페이스 매장에서 구입한 15만 원짜리 바지가 K 씨가 가지고 있는 가장 '럭셔리'한 옷이다. 그는 지금보다 어렵게 살 때에는 남의 집 마당 빨랫줄에 널린 빨래를 훔쳐 입은 적도 있다고 고백했다.

K 씨의 또 다른 쇼핑 장소는 서울 동대문구에 있는 풍물시장이다. 이곳은 동묘 벼룩시장에 비해 가격이 비싼 편이다. 2층짜리 건물 안에 있는 시장이었지만 추위 때문에 패딩 점퍼나 장갑을 끼고 있는 상인들이 많이 보였다. 곳곳에 전기난로가 켜져 있었지만 추위를 온전히 물리칠 수는 없었다. 짝퉁 가방을 파는 한 상인은 칠이 벗겨진 검은색 가방에 구두약을 바르고 있었다. 손때가 묻은 루이비통의 모노그램 스피디 백과 구찌, 펜디 가방 등 짝퉁처럼 보이는 명품 백들이 뒤섞여 있었다. 물건 종류와 상관없이 상태가 좋으면 1만 원, 좋지 않으면 7000원이라고 했다. 얼룩진 1만 원짜리 짝퉁 버버리 트렌치코트와 4만 5000원짜리 에르메스 스웨터, 때가 탄 3만 5000원짜리 나이키 운동화도 보

였다. 이곳에서 점퍼를 팔고 있는 L 씨는 "5000원짜리부터 100만 원짜리까지 있다"면서 "요즘에는 경기가 안 좋아서 그런지 찾는 사람이 줄었다"고 했다.

서울 노원구 중계동에서 만난 기초생활수급자 C(39세) 씨는 여름과 겨울에 한 번씩, 1년에 총 두 차례 쇼핑을 한다. C 씨에겐 쇼핑이 '연례행사'나 마찬가지인 셈이다. 주로 온라인 쇼핑몰인 G마켓에서 옷을 구입한다. 싱글맘인 B 씨는 "한 번 살 때 윗옷 네 벌, 바지나 치마 세 벌 정도 사는데 한 벌당 5000원이 넘으면 안 산다"고 했다. 디자인이나 질보다 가격이 절대적 기준이 되다 보니, 티셔츠 같은 심플한 옷만 사게 된다고 말하는 B 씨의 티셔츠는 목 부분이 늘어나 있었다. B 씨는 "나와 사정이 비슷한 엄마들도 가끔씩은 백화점에 가지만 나는 세일을 해도 백화점엔 가지 않는다"면서 "물건을 보면 솔직히 다 사고 싶은데 그렇게 할 수 없어 신경질이 나기 때문"이라고 했다. 8개월짜리 딸을 포함해 아이 셋을 키우고 있는 B 씨가 아끼는 옷은 5년 전 G마켓에서 구입한 5만 원짜리 원피스다. 예식장이나 돌잔치 등 중요한 행사 때만 가끔 입는다.

서울의 한 사립대에 재학 중인 E(26세) 씨도 최근 롯데닷컴에서 폴햄 패딩을 85% 세일로 6만 원에 샀다. 온라인 쇼핑몰 외에는 유니클로 같은 패스트패션SPA 브랜드를 이용한다. 저렴하고 트렌드에 강한 옷들이 많기 때문이다. 계절별로 1년에 4회 쇼핑을 한다. 겨울옷은 조금 비싼 것을 감수하지만 여름 티셔츠는 무조건 2만 원, 셔츠는 4만 원 밑이

어야만 산다. 의류학과에 입학했을 때만 해도 E 씨는 '패션 중독자'라고 불릴 정도로 유행에 민감했다. 그러나 대학교 1학년 말 벤처 사업가였던 아버지가 사업에 실패해 빈곤층으로 전락한 이후엔, 옷 한 벌도 선뜻 사기 어려운 신세가 됐다. 현재는 초등학생 두 명과 고등학생 한 명을 대상으로 과외를 해, 월 90만 원을 벌고 있지만 학비와 생활비를 감당하기에도 빠듯하다.

가장 좋은 방법은 '안 사고 오래 입는 것'이다. 집안 사정이 어려워지기 전에 샀던 120만 원짜리 코트를 8년째 입고 있다. E 씨는 "마르크스의 『자본론』을 보면 기계는 마모될 때까지 쓸 것을 전제하고 미래 마모 비용까지 계산하지만 옷은 그렇지 않다. 옷은 낡지 않아도 유행이 지나면 다들 새로 사 입지 않느냐"면서 "그런데 돈이 없으니까 진짜 옷이 마모될 때까지 입게 되더라"고 했다. 그는 자신이 입고 있던 캐러멜색 면바지의 가랑이 부분을 보여줬다. 낡아서 터지기 직전이었다. E 씨는 "친구 중에 수백만 원짜리 몽클레어 패딩을 입거나 300만 원짜리 시계를 찬 친구들도 있다"며 "나도 명품을 좋아했지만 이제는 부모님 돈을 받아서 명품을 사는 건 좋게 보이지 않는다"고 했다.

'얻어 입는 것'도 방법이다. 은평구에 사는 싱글맘 S(30세) 씨는 "어머니가 주변의 아시는 분을 통해 아기 옷을 얻어줬다"며 "그래도 신생아 때 입는 배냇저고리만큼은 내 돈으로 샀다"고 했다. S 씨는 43개월 된 딸의 옷을 사야 할 때 주로 집 근처에 있는 이마트나 시장, 온라인을 이용한다. 그녀는 "올겨울 들어 아기가 계속 감기를 달고 살아서 이마트에서 내복을 샀다"면서 "특가를 할 때 세트로 사는 게 싸다"고 했다. 남대문시장이 싸다고 하지만 차비를 생각하면 집 근처 시장이나 인터넷에서 사는 게 더 낫다는 게 S 씨의 생각이다. S 씨는 "내 옷을 사는 것보다 아기 옷을 사는 게 더 좋아서 자꾸 그쪽에 눈길이 간다"고 했다. 그러면서 "아기 옷 원단이 어른 옷보다 훨씬 적게 드는데 왜 이렇게 비싼지 모르겠다"고 했다.

아이가 학교에 갈 나이쯤 되면 얻어 입히는 것마저 쉽지 않다. 맞는 옷을 찾기 힘들뿐더러 사춘기에 접어들면서 남이 입었던 옷을 입는 것에 더욱 민감해지기 때문이다. 아이 넷을 키우고 있는 간호조무사 A 씨는 "지난해까지만 해도 초등학교 5, 6학년이었던 두 아들은 한 벌당 9만 원이었던 태권도 학원 유니폼과 점퍼를 일상복처럼 학교 갈 때에도 입고 다녔다"면서 "지금까지는 부끄러운 줄 몰랐던 모양인데 중학교에 들어가면 걱정"이라고 했다. 초등학교 4학년 때까지는 지인들에게 옷을 얻어 입혔는데 최근에는 아이들이 자고 나면 부쩍부쩍 커서 어려워지고 있다고 A 씨는 토로했다. 올겨울에는 날씨가 갑자기 추워져 큰맘 먹고 '뱅뱅'에서 두 아들의 외투 두 벌을 10만 원대에 구입했다.

경기 화성시 임대 아파트에 사는 B(42세·여) 씨의 딸 L(14세) 양은 올겨울 초 갑자기 영하로 기온이 떨어지자 지난해 입던 외투를 꺼내 입었다가 깜짝 놀랐다. 1년 사이에 키가 5센티미터 이상 자라는 바람에 옷이 작아져 입을 수 없게 되었기 때문이다. B 씨는 속상해 울고 있는 딸아이를 겨우 달랜 뒤 할머니 외투를 입혀 등교시켰다. B 씨는 "집 사정이 넉넉하지 않은 것을 아는 아이가 옷 사달라는 말은 못 하고 밤새 혼자 끙끙대고 있었다"면서 "크리스마스 직전에 초록우산어린이재단과 삼성중공업의 후원으로 패딩을 선물받고 아이가 너무 기뻐했다"고 말했다.

기초생활수급권자인 K(42세) 씨도 최근 동네 아웃렛에서 고등학교 1학년인 큰딸에게 13만 원짜리 점퍼를 사줬다. K 씨는 "아이가 생전 브랜드 옷을 사달라는 말을 하지 않았는데 이번엔 어렵게 이야기하기에 들어주지 않을 수 없었다"면서 "그것도 아이가 아르바이트해서 번 돈에 보태서 구입한 것"이라고 했다. 그는 "백화점에 가 보니 100만 원이 넘는 옷들도 있던데 그 돈이면 우리 가족 한 달 생활비"라고 말했다.

경기 광명시에 사는 C(33세) 씨의 딸들은 일찍부터 가난을 깨달았다. 기초생활수급권자인 C 씨는 중학교 1학년, 초등학교 6학년, 5학년인 딸 셋을 키우고 있다. 정부에서 주는 수급비 66만 원 외에 장난감 자동차 부품을 조립하는 아르바이트를 하며 한 달에 20~30만 원씩 벌었으나, 최근에는 허리가 아파 그마저도 그만뒀다. C 씨는 "집안 형편을 잘 아는 아이들이 일찍 철이 들어 옷 사달라는 이야기를 하지 않는다"고 말했다.

상위 1%의 입는 것 富

'황제' 쇼핑
한자리서 10억

서울 성북구 성북동에 사는 J(31세 · 여) 씨는 평균 일주일에 한 번씩
서울 중구에 있는 L 백화점 명품관에 들른다. 새해에는 첫 주말 오후에
어머니와 함께 명품관을 찾았다. 아버지가 운영하는 남성 액세서리 업
체를 물려받아 '청년 갑부' 반열에 오른 J 씨는 이 백화점에서 연간 1억
원 이상 구매 시 부여하는 '최상위 등급 고객LVVIP'이다. J 씨는 이날 백
화점에 가기 한 시간 전에 전화를 걸어 전용 라운지를 예약했다. VIP
고객 전용 주차장이 연결돼 있는 백화점 입구에서 발레파킹을 한 뒤 4
층으로 향했다. 명품 매장들을 지나 건물 한쪽 끝 통로에 위치한 철문
센서에 카드를 대자 문이 열렸고, 문 바로 안쪽에서 이미 대기하고 서
있던 여직원이 두 사람을 공손하게 맞았다.

이곳에는 두 개의 LVVIP룸 공간과 고객에게 간단한 다과를 서비스
하기 위한 부엌이 있다. LVVIP룸은 4인용 소파와 탁자가 놓여 있는 거

실 분위기다. 소파 위에는 국내 유명 화가의 그림과 이 작가의 필모그래피, 그리고 그림을 구입할 수 있는 갤러리 번호가 안내되어 있었다. 소파 맞은편에는 그날 전시 제품인 영국 J사의 향수가 진열돼 있었고 출입문 옆 한쪽에는 옷을 갈아입어볼 수 있는 '피팅룸'이 보였다. J씨와 그녀의 어머니는 백화점 측에서 무료로 제공하는 카페라테와 청포도 주스, 생크림 케이크를 주문했다.

J씨는 최신 디자인 의상을 입은 모델들의 화보집을 보다가 A 브랜드의 무스탕이 눈에 들어왔다. 그녀는 곧장 A 브랜드의 매장으로 가서 화보집에서 본 1000만 원짜리 무스탕을 입어봤다. 마음에 들었다. J씨는 즉석에서 검은색과 밤색 계열의 무스탕 두 벌과 밍크코트 한 벌, 어머니의 무스탕 한 벌 등 총 네 벌을 4000만 원에 구입했다. J씨는 "솔직히 명품관이 아닌 일반 백화점 매장에 있는 물건들은 관심도 없고 구경하고 싶은 생각 자체가 안 든다"고 했다.

백화점 업계 관계자에 따르면 VIP 고객 중 상당수는 J씨처럼 평균 일주일에 한 번씩 명품관을 찾는다고 한다. 이 관계자는 "심심하면 영화관에서 가서 영화를 보듯, 이들에게는 명품관에서 구경하고 쇼핑하는 것이 여가 시간을 보내는 문화 중 하나"라며 "매일 백화점을 찾는 VIP 고객도 있다"고 했다. 옷이 필요해서이기도 하지만 '옷을 사는 행위' 자체가 하나의 놀이문화라는 이야기다.

VIP 중에서도 0.1%의 최상위급은 백화점 매장을 둘러보는 수고를 할 필요 없이 백화점 내 별도의 공간에서 '황제 쇼핑'을 즐긴다. 매장에

오기 전 전화로 "겨울 코트가 필요하다"는 말 한마디만 해놓으면 퍼스널 쇼퍼(전담 판매 전문가)가 손님의 평소 취향과 직업, 체형, 용도 등에 맞춰 브랜드별로 코트를 준비해놓는다. 코트에 어울릴 만한 신발과 가방, 액세서리도 비치한다. 단 한 명만을 위한 단독 매장을 꾸며놓는 셈이다.

퍼스널 쇼퍼로 15년 이상 근무한 P 씨는 "은행이 돈을 모으는 사람들을 상대하는 것이라면 우리는 돈을 쓰는 사람들을 상대하는 것"이라며 "코트를 사러 왔다가 더불어 구두도 사고 가방도 살 수 있기 때문에 컬렉션을 잘 해놓는 게 중요하다"고 했다. 그는 "(최상류층은) 보통 몇천만 원은 평범하게 쓴다"면서 "보석은 고가이다 보니 그 자리에서 10억 원 정도를 쓰는 경우도 있었다"고 했다. 다른 퍼스널 쇼퍼 K 씨는 "주요 고객들 중에는 탄탄한 중소기업 사장이나 그의 가족들이 많고 부동산 부자보다 현금 여력이 큰 사람들"이라며 "우리가 흔히 생각하는 연봉 수십억 원의 고수입 전

서울 시내 한 백화점 내 최상위 등급 고객들만을 위한 전용 휴식 공간의 모습.

문 직종인 변호사나 의사 등은 여기에 낄 수 없다"고 했다.

혼자 쇼핑을 즐기는 것도 최상류층의 특징이다. 퍼스널 쇼퍼 P 씨는 "독립된 공간에서 쇼핑을 원하는 고객들은 철저하게 혼자서 온다"며 "친구들과의 경쟁 심리나 질투 관계가 있기도 하고 돈 쓰는 것에 대해 안 좋게 보는 시선을 의식해 자기가 얼마를 쓰는지 주변에 알리고 싶어 하지 않는다"고 했다. 그는 "강북보다는 강남 명품관 고객들이 이런 성향이 더 강하다"고 덧붙였다. 한 은행 PB는 "전통 부자들은 눈에 띄는 걸 안 좋아하다 보니 입는 것으로 표시 내고 싶어 하지 않는다"며 "구찌, 페라가모 등 일반적인 명품은 잘 안 입고 크게 티 안 나면서도 좋은 브랜드의 옷을 선호하는 편"이라고 했다.

매출을 좌우하는 '큰손'이다 보니 VIP를 모시기 위한 백화점 측의 서비스는 상상을 초월한다. 파티나 컬렉션은 기본이다. 갤러리아 백화점은 지난해 말 상위 1% 고객만 초청해 세계적 보석 브랜드인 '반클리프 아펠'의 새 보석을 공개하고, 최고급 샴페인을 무료로 제공했다. 소수 정예로 대여섯 명을 초청해 호텔 스위트룸에서 식사를 겸한 행사를 할 때도 있다. 화랑이나 수입차 브랜드, 패션 브랜드들이 공동으로 방 안에 상품을 진열해놓고 컬렉션을 여는 식이다. 퍼스널 쇼퍼 K 씨는 "보석 같은 경우 크게 터지면 한 행사에서 100억 원 정도의 매출을 올릴 때도 있다"면서 "최최상위 고객의 경우 단 한 사람을 위한 컬렉션을 연적도 있다"고 했다.

백화점이 주도해 같은 취미를 가진 VIP 고객들 간 커뮤니티를 만들기도 한다. 와인과 골프 커뮤니티를 만든 뒤 관련 컬렉션을 여는 식이다. 상위 1%는 이런 행사에서도 함께 온 사람들이 알 수 없도록 1 대 1로 매매하기를 원한다고 한다. 심지어 몇몇 명품관에서는 폐장 후 소수만을 위해 문을 여는 경우도 있는 것으로 알려졌다. 패션 업체 대표 L 씨는 "최상위 고객이 원하면 그에 맞는 스타일의 옷들을 이동식 옷걸이에 실어 집으로 직접 갖다 줌으로써 백화점까지 올 필요 없이 아예 집에서 쇼핑을 하게 하는 서비스도 있다고 들었다"고 했다.

로고가 눈에 잘 띄지 않는 브랜드의 제품을 선호하는 것도 상류층의 특징이다. 여전히 샤넬이나 에르메스 등의 브랜드에 대한 인기는 높지만 로고로 도배된 과시용 명품은 기피한다는 것이다. 3초마다 눈에 띌 정도로 많이 팔려 '3초 백'이라고 불리는 LV 사의 명품백은 기피 대상이다. 대형 병원 원장의 부인으로 자산 300억 원대의 재력가인 C 씨는 "브랜드가 너무 드러나는 제품이나 너무 화려한 패션은 촌스럽게 여긴다"면서 "청담동 길거리에서 명품 마크가 들어간 옷이나 가방을 들고 다니는 사람을 본 적이 있느냐"고 반문했다. 패션 업체 대표인 L 씨는 "남과 비교되는 것을 싫어하고 명품인지 아닌지 알아볼 수 있는 사람들만 알면 된다고 생각한다"고 했다. 옷은 '신분'을 나타내는 수단인데 이미 다 아는 브랜드이고 누구나 입을 수 있다면 오히려 가치가 떨어진다고 본다는 것이다.

반면 소재와 실루엣에 대해서는 민감하다. 이탈리아의 명품 브랜드인 LP가 부유층 사이에서 인기인 것도 이런 이유에서다. 패션 잡지에 중시하는 K 씨는 "LP는 원래 원단 회사에서 출발했기 때문에 아주 고급스러운 소재를 쓴다"면서 "음식도 고급일수록 신선한 재료를 따지는 것과 마찬가지"라고 했다. 이탈리아 명품 남성복 브랜드인 B와 K 등을 선호하는 이유도 비슷하다. 브랜드의 로고는 드러내지 않되 제2의 피부라고 느낄 만큼 몸에 딱 맞는 편안함을 중시한다. B의 경우 국내에서 사이즈를 재서 이탈리아에 보내면 장인들이 수공예로 한 땀 한 땀 제작한다고 한다. 한 달 이상의 제작 기간에 한 벌당 1500~2000만 원 정도다.

해외 명품 편집 매장에 대한 선호도도 높다. 백화점과 비교해 국내에는 몇 개 없는 희소성 있는 제품들이 많기 때문이다. 서울 강남구에 있는 명품 편집 매장 B 숍 관계자는 "다른 사람들이랑 똑같은 물건을 사는 게 싫고 자기만의 스타일을 중요하게 생각하는 고객이 많다"고 했다. 예컨대 모나코의 샤를렌Charlene 공주와 모델 나탈리아 보디아노바Natalia Vodianova가 즐겨 들어 유명해졌다는 M 브랜드도 이 매장에서만 찾아볼 수 있다. 이 관계자는 "이 브랜드의 가방 한 개를 제작하기까지 장인 여섯 명의 손길을 거친다"면서 "남들이 다 알아봐 줘야 좋은 가방이 아니라 브랜드의 역사성과 가치를 본다"고 했다.

정기적으로 홍콩이나 유럽, 미국 등으로 해외 쇼핑을 가는 경우도 많다. 서울 서대문구에 사는 자영업자 P 씨는 분기에 한 번씩 쇼핑을 위해 홍콩에 간다. 보통 3박 4일 정도 가서 1000만 원어치 정도 구입하곤 한다. P 씨는 "국내보다는 해외에서 사는 게 가격도 싸고 특이한 물

서울 강남구에 있는 백화점에서 한 시민이 마네킹에 걸린 옷을 살펴보고 있다.

건들도 많다"고 했다.

쇼핑에 수천만 원씩 지출하는 상류층만 있는 것은 아니다. A 도시가스 회사 회장의 부인 L 씨는 주로 서울 도곡동 집 근처에 있는 할인점이나 아웃렛에서 옷을 구입한다. L 씨는 "철 지난 옷이지만 나한테는 처음 보는 옷이니 상관없다"면서 "집 근처에 있는 수선집에서 유행이 지난 옷들을 많이 고쳐 입다 보니 내가 누군지 알아볼 정도"라고 했다.

자산 100억 원대 소유자인 50대 K 씨는 명품에 많은 돈을 쓰는 '큰손 쇼핑객'이지만 가급적 아웃렛 매장을 이용하는 편이다. 그는 "아이들이 영국에서 유학하고 있어 명품 아웃렛 매장인 런던 비스티 빌리지를 자주 간다"면서 "1년에 5000~6000만 원 정도 쓰는 것 같다"고 말했다.

6장

먹는 것

절대 빈곤층의 먹는 것

삼시세끼 3000원

밥상이 '풀밭'이다

상위 1%의 먹는 것

간장 한 병에 300만 원

요리가 '품격'이다

삼시세끼 3000원
밥상이 '풀밭'이다

"못사는 집 엄마들은 5000원 넘게 사가는 일이 거의 없어. 국물 낼 때 꼭 필요한 청양고추 정도만 사간다니까."

경기 광명의 한 전통 시장에서 채소 가게인 'G 상회' 주인 J(61세) 씨는 "가난한 사람들이 어떤 물건을 많이 사느냐"는 기자의 물음에 이렇게 답했다. 이곳에는 주변 임대 아파트 등에 사는 극빈층 주부들이 장을 보러 많이 온다. J 씨는 10년 넘게 시장통에서 장사하면서 "허름한 옷차림의 주부가 사가는 채소라고는 기껏해야 고추나 값싼 푸성귀 정도"라는 사실을 경험적으로 깨달았다. 이 가게에서는 800그램짜리 무 한 개에 1000원, 양파 2킬로그램에 2000원, 당근 1킬로그램에 2000원 등 주변 마트보다 싸다. 하지만 극빈층 주부들에게는 이마저도 부담스럽다. 그는 "20일에 한 번씩 와서 나물 1000~2000원어치만 사가는 할머니가 있는데 아픈 다리를 질질 끌며 오시는 모습을 보면 '장 봐줄 자

어느 빈곤 가정의 4인 밥상. 식탁에는 김치 등 채소 반찬뿐이고 육류나 생선류는 찾아보기 어렵다.

식도 없나' 싶어 한 줌이라도 더 드린다"고 했다.

같은 시간, 시장 내 생선 가게 종업원은 "동태 한 손(두 마리)에 5000원!"이라고 목청껏 외치며 손님을 끌었지만 주부들의 지갑은 쉽게 열리지 않았다. 한 정육점 주인은 "형편이 어려운 분들은 국거리용으로 돼지고기 뒷다리를 사가거나 삼겹살을 사는 게 전부"라고 했다.

절대 빈곤층의 식탁에서 보기 힘든 대표적 식품은 육류다. 경기도의 한 임대 아파트에 사는 주부 K(42세) 씨는 월 90만 원인 수급비 중 10만 원을 식료품비로 쓴다. 식구 네 명(K 씨와 남편, 중학생, 고등학생인 두 딸)이 넉넉히 먹기에는 턱없이 부족한 돈이다. 이 때문에 K 씨 가족은 김치찌개, 된장찌개 등 양을 최대한 불려 네 식구가 함께 먹을 수 있는 반찬을 선호한다. 찌개에 넣는 재료라고 해봐야 김치, 된장 외에 호박, 양파 등이 고작이다. 아이들은 엄마에게 "고기반찬을 해달라"고 투정하지만 빠듯한 살림 탓에 시장에 가도 고기에 손이 가지 않는다. 기초

생활수급비가 나오는 매달 20일에 삼겹살을 사다 먹는 게 K 씨 가족이 누리는 최고의 호사다. 그는 "인근 재래시장에서는 마트보다 싸게 삼겹살 두 근을 1만 원에 살 수 있다"면서 "소고기는 아이들 생일 때 미역국에 넣으려고 1년에 딱 두 번 산다"고 했다.

과일도 형편이 어려운 이들에게는 좀처럼 구경하기 어려운 식재료다. 독거 빈곤층인 L(41세) 씨는 막노동으로 매달 80~90만 원을 버는 것이 전부라 과일을 사 먹은 적이 거의 없다. 식당에서 과일 한 쪽을 후식으로 내놓는 행운이라도 만날 때 간신히 맛만 보는 수준이다. L 씨는 설, 추석 등 명절에 택배 아르바이트를 곧잘 하는데 과일 선물을 배달하다 보면 먹고 싶은 욕구를 참기 어렵다. 그는 "택배 물품으로 귤 박스가 들어왔을 때 살짝 뜯어 대여섯 개를 빼 먹고 다시 테이프로 붙여놓은 적도 있다"고 털어놨다. 서울 동작구의 한 마트 관계자는 "혼자 가난하게 사시는 할머니인데 마트에 와 과일을 사지는 못하고 만지작거리기만 하는 분들도 계신다"면서 "마음이 편치 않아 멍든 과일을 공

짜로 드리기도 한다"고 했다.

절대 빈곤층에게 '외식'이란 단어의 말뜻은 '참아야 한다'는 것에 가깝다. 서울의 한 임대 아파트에 사는 주부 Y(44세) 씨는 TV 맛집 프로그램을 시청하는 게 낙이다. 그렇다고 소개된 맛집을 찾아간 적은 한 번도 없다. Y 씨는 "비싼 음식을 사 먹을 돈도 없고 차를 타고 멀리 나갈 형편도 안 된다"면서 "맛있는 음식을 보는 것만으로도 식욕이 조금 해결되는 것 같다"고 위안했다.

극빈층은 싼 가격을 선호하다 보니 품질이 낮거나 건강에 이롭지 않은 식품을 사 먹을 확률이 상대적으로 높다. 광명시장의 H 과일 가게 주인은 "사과를 싸게 팔기 위해 흠이 난 '하품'을 조금 가져다 놨다"면서 "사과 6~7개를 5000원에 팔 수 있는 비결"이라고 했다. 동작구 상도동의 D 마트 직원은 "바나나 중 시간이 지나 껍질이 검게 변한(갈변 현상) 제품은 원래 판매가보다 2000원 싼 2800원에 판다"고 했다. 빈곤층 고객이 많은 용산구 청파동의 G 마트 관계자는 "대형 마트가 버스로 두 징거징 거리에 있어 가격 경쟁력을 갖추지 못하면 살아남을 수 없다"면서 "물건을 대량으로 떼어와 가격을 낮춰 20~30% 정도 싸게 판다"고 말했다. 그는 특히 "모든 상품이 그런 건 아니지만 저렴한 물건을 떼어오기 위해 유통기한이 상대적으로 짧게 남은 물건도 들여온다"면서 "물건 자체에 흠이 있지는 않고 상품 회전이 빠르기 때문에 문제될 게 없다"고 했다.

배고픔을 참지 못해 법을 어기는 현대판 '장발장'들도 있다. 광명시장 내 한 슈퍼마켓은 지난해 매장에 설치된 CCTV를 고화질로 교체했다. 슈퍼 물건을 조금씩 가져가는 좀도둑 탓이다. 슈퍼 직원은 "우리 가게의 좀도둑은 다른 곳과 좀 다르다"고 했다. 일반적으로 아이들이 과자나 음료수를 훔치다 붙잡히는데, 이곳에서는 40~60대 성인들이 물건을 몰래 챙기려다 곧잘 적발된다는 것이다. 고작 몇천 원짜리 물건을 살 형편이 되지 못해서다. 이 직원은 "하루에 한 번꼴로 인공 조미료 등을 훔치려다 걸리는 어른들이 있다"고 했다.

방학 기간의 먹거리 취약 계층은 아동·청소년들이 대표적이다. 서울 구로구의 초등학교 6학년인 K(12세) 양은 다른 또래처럼 방학을 마냥 반길 수 없다. 먹는 문제 때문이다. 학기 중에는 그나마 영양을 갖춘 무상 급식을 점심으로 먹을 수 있지만 방학에는 라면, 과자 등을 주식 삼아 버텨야 한다. 공사장에서 일하는 아버지가 버는 월 70~80만 원의 소득으로 K 양과 부모, 두 살 어린 동생이 한 달을 버텨야 해 넉넉히 사 먹을 형편이 안 된다. K 양의 어머니도 아르바이트로 배달일을 해 아이의 끼니를 제때 챙겨주기 어렵다. K 양처럼 방학 철에 먹는 문제로 어려움을 겪는 학생이 제법 많다는 게 현장의 이야기다. 김은정 초록우산 어린이재단 아동복지연구소장은 "부모가 낮 시간에 집을 비울 동안 저소득층 아동에게는 지방자치단체가 한 끼에 3000~5500원가량 하는 음식 쿠폰을 준다"면서 "하지만 시골 아이들은 이 쿠폰을 쓸 수 있는 식당이

서울 종로구의 2000원짜리 해장국 집.

나 편의점을 찾기 어려워 굶기도 한다"고 전했다.

세심한 건강관리가 필요한 노인도 돈이 없으면 제대로 먹을거리를 챙겨 먹기 어렵다. 서울 동작구의 달동네인 '밤골마을'에 사는 독거노인 Y(84세·여) 씨는 하루 세끼를 쌀죽으로 해결한다. 아들 두 명과는 명절 때도 보기 어렵지만 부양 능력을 갖춘 자녀가 있다는 이유로 기초생활보장수급권자 신청에서 번번이 탈락했다. 이 때문에 Y 씨의 수입은 기초노령연금 20만 원과 서울시의 지원금 15만 원 등 35만 원이 전부다. 이 돈으로는 마트에서 식재료를 제대로 사 먹기 어렵다. 그나마 인근 N 교회에서 김치와 무조림 등 밑반찬을 가끔 가져다줘서 죽에 곁들여 먹는다. Y 씨는 "아는 과일 장수가 가끔 바나나를 가져다주는데, 이 과일을 잘 으깨어 죽에 넣어 먹는 것이 내가 먹는 제일 맛있는 음식"

이라고 했다.

장년층 남성도 먹는 문제에 취약하다. 서울의 한 주민 센터 관계자는 "특히 50~64세의 혼자 사는 남성이 먹는 문제를 잘 해결하지 못한다"면서 "65세가 넘으면 복지관에서 밑반찬 서비스라도 받지만, 그 직전 연령대는 전혀 관리 대상이 아니다"라고 했다. 이들 남성은 공사장에서 일할 때는 '함바집'(건설 현장의 간이식당) 밥이라도 먹지만 평소에는 집에서 찬물에 밥 말아 김치를 올려 먹는 경우가 많다는 것이다.

대학생 등 청년 빈곤층도 먹는 문제 앞에서 서러움을 겪는 건 마찬가지다. 대학 입학 후 아버지의 사업 실패로 절대 빈곤층으로 전락한 대학생 L(26세) 씨는 아르바이트가 끝난 뒤 지쳤을 때 맥주 한 모금이 절실하지만 늘 주머니 사정 때문에 머뭇거린다. 큰맘 먹은 날에는 을지로 3가의 허름한 맥줏집을 찾아가는데, 그가 시키는 안주는 늘 1000원짜리 '노가리'다. 자기 돈으로 '치맥'(치킨과 맥주)을 주문하는 것은 꿈도 못 꾼다. L 씨는 "친구들에게 자주 얻어먹다 보니 이젠 미안함을 넘어 자괴감이 든다"고 말했다.

또 다른 극빈층 '스튜던트 푸어(학생 빈곤층)'인 서울의 한 사립대생 K(24세) 씨는 두 달에 한 번씩 꼭 헌혈을 한다. 햄버거 교환권이나 영화 관람권을 주기 때문이다. K 씨는 "평소에는 1000~2000원이 아까워 햄버거가 먹고 싶어도 편의점 샌드위치로 점심을 때우는 일이 많다"면서 "가끔 친구들이 5000~6000원 하는 순대국을 먹으러 가자고 하면 돈 없다고 하기가 자존심이 상해서 난감하다"고 했다.

간장 한 병에 300만 원
요리가 '품격'이다

　"요즘 믿을 만한 먹거리가 많지 않잖아요. 그래서 직접 길러 먹기로 했죠." 서울 서초구 잠원동의 100억 원대 자산가인 주부 J(53세) 씨 가정은 몇 해 전 청정 지역으로 소문난 전남의 한 시골 마을에 밭 2500평(8264.5제곱미터)을 샀다. 집에서 먹을 채소를 직접 재배하기 위해서다. 중견 기업을 운영하는 남편은 물론 J 씨도 평일에는 살림으로 바쁜 탓에 매달 두세 번밖에 현장에 내려가 볼 수 없다. 이 때문에 농사는 지역 농민에게 부탁했고 그 대신 밭 일부를 무상으로 사용할 수 있도록 했다. J 씨는 "배추와 무, 파, 상추, 고구마, 생강까지 계절별 채소를 넉넉히 재배해 우리 가족 네 명과 친척, 지인들이 함께 먹는다"면서 "형편이 넉넉한 사람 중엔 서울 근교에 텃밭을 사 채소를 직접 길러 먹는 사람이 많다"고 했다.

　상위 1% 부유층은 J 씨처럼 채소를 직접 재배하거나 유기농 식품 구

입만 고집한다. 서울 종로구 평창동의 금융업계 임원의 부인 S(55세) 씨는 믿을 만한 먹거리를 사는 데 돈을 아끼지 않는다. 음식이 건강으로 직결된다고 보는 그녀는 "시골에서 농장을 하는 지인에게서 친환경 농작물을 매주 한 번씩 주문하고 집에서 요리할 때도 설탕은 전혀 넣지 않고 그 대신 효소를 쓰는 등 건강하게 먹으려 한다"고 했다. 친환경 농사를 짓는 농민과 소비자를 직접 이어주는 생활협동조합(생협)에 가입하는 인구도 늘었다. 아이쿱 생협 관계자는 "2007년 1200여 명이던 가입자 수가 7년 만에 3.6배 늘어 지난해 4300명이 됐다"면서 "일본 후쿠시마 원전 사고 등 먹거리 이슈가 터질 때마다 가입자 수가 크게 늘었다"고 했다.

강남구 청담동의 고급 마트인 'S 푸드마켓'은 고소득층의 식자재 소비 패턴을 읽을 수 있는 곳이다. 이 동네에 사는 주부 P(52세) 씨는 매주 한 번씩 이곳에서 장을 보는 단골 고객이다. 외아들이 영국 유학 중이어서 중소기업 사장인 남편과 단둘이 사는 데도 한 번 장을 볼 때마

다 '큰손'이 된다. 꼭 필요한 식자재만 장바구니에 골라 담지만 몇 개 짚다 보면 금세 20만 원이 넘는다. 유기농이 많은 이곳 제품들은 일반 마트보다 가격이 월등히 비싸다. 이곳에서 가장 잘 팔린다는 '명품 쌀' 은 1킬로그램에 1만 2000원이고 머스크멜론 한 통은 3만 원, 친환경 무 한 개는 3100원이다. 보통 마트에서는 일반미 1킬로그램이 2100원, 머 스크멜론과 무는 각각 1만 5000원, 1200원이라는 점에서 2~6배나 비 싼 셈이다. 하지만 P 씨는 "돈이 아깝다는 생각은 들지 않는다"고 했다. 유기농인 데다 다른 곳에서 파는 식품보다 신선도가 훨씬 뛰어나기 때 문이다.

실제 기자가 둘러본 S 푸드마켓에는 10알에 1만 2000원 하는 '하얀 오골계란'과 한 근(600g)에 15만 원 하는 '파이브(5) 스타 암소 한우 꽃 등심' 등 고가 제품이 즐비했다. 특히 명인이 제조했다는 300만 원짜리 씨간장(500밀리리터)은 가격표를 믿을 수 없어 여러 차례 눈을 씻고 확 인했을 정도다. 한 마트 관계자는 "300만 원짜리 간장은 매장의 품격을

어느 부유층 가정의 4인 밥상. 고급 재료로 만든 음식들을 살균 및 유해성분 검출 효능이 있는 유기(鍮器, 일명 놋그릇)에 담았다.

보여주기 위한 상품이지만 명절 때면 실제 사가는 고객도 있다"고 말했다.

좋은 음식 재료를 사는 것에 그치지 않고 건강한 조리법을 직접 배우려는 부유층도 많다. 서울 송파구 잠실동의 주부 K(51세) 씨는 대기업 임원인 남편이 8년 전 당뇨를 앓기 시작한 뒤부터 직접 건강식을 만들고 있다. 유기농 우렁 농법을 활용하는 농가로부터 쌀을 직접 구매하는 등 잡곡 6~7개를 섞어 밥을 짓고 채소도 유기농 제품만 고집한다. L 씨는 이마저도 부족함을 느껴 지난해 유명 요리 연구가로부터 1년간 채식 요리법을 배웠다. 수강료는 250만 원. L 씨는 "워낙 배우고 싶어 하는 사람이 많아 1년 넘게 대기해 어렵게 수업을 들었다"고 했다.

심기현 숙명여자대학교 교수(전통 식생활 문화 전공)는 "우리 학교 한식 조리 과정에는 서울 강남의 고급 아파트에 사는 주부들이 참여해 간장, 된장 등 전통 장류 제조법을 배워가기도 한다"고 했다. 마음이 맞는 주부 4~6명씩 모여 요리 연구가 등에게 조리법을 배우는 '요리 그룹 과외'는 이제 흔한 문화가 됐다. 서울 강남구 대치동의 주부 L(48세) 씨는 "'방배동 선생님', '청담동 선생님'같이 주부들 사이에서 유명한 요리 연구가가 있는데 주로 이 선생님들의 제자들이 가르친다"면서 "다섯 명이 한 번 수업을 들을 때마다 각자 25~30만 원을 선생님에게 드리면 돼서 별로 부담스럽지 않다"고 했다.

입맛 까다로운 부유층 미식가는 틈틈이 요리사를 집으로 불러 별미나 반찬을 만들어 먹기도 한다. 강남구 압구정동에 사는 대형 병원장의 부인 Y(52세) 씨는 매주 한 번씩 경남 중소도시에서 손맛 좋기로 유명한 종갓집 며느리를 집에 부른다. 요리를 부탁하기 위해서다. Y 씨 가족은 최근 병원이 있는 경남에서 서울로 이사했는데 병원 구내식당에서 일하던 이 여성의 음식 맛을 잊지 못해 상경을 권한 것이다. 요리사가 집에 와 하루 4~5시간 요리를 해주면 10만 원을 준다. 이 여성은 Y 씨가 소개해준 여섯 가정에서 출장 요리를 해주는 것만으로 한 달에 250만 원가량을 번다. Y 씨는 "종갓댁 며느리답게 궁중 요리부터 양반댁 요리까지 못하는 게 없다"면서 "최근 장어탕을 만들어줘 친구들에게 돌렸더니 '지금껏 맛본 최고의 장어탕'이라며 극찬하더라"고 했다.

해외 '로컬 푸드'(현지식)의 맛을 국내에서 그대로 즐기려는 상위 1%도 늘고 있다. 대형 백화점의 명품 식품관이 국내에서 쉽게 구할 수 없는 희귀 채소나 과일, 양념류 등을 구비하고 있는 것은 이런 부유층의 욕구가 반영된 것이다. 셜롯(양파 맛이지만 향미가 더 뛰어난 채소)이나 파스닙(당근과 비슷하지만 달콤한 채소), 엔다이브(지중해 연안에서 나는 꽃상추) 등 이름조차 생소한 식자재가 프리미엄 마트의 채소 코너를 널찍이 차지하고 있었다. 프랑스에서 유학을 한 서울 모 대학의 식품영양학과 교수는 "프랑스 현지의 맛을 살리려면 재료가 중요한데 백화점에서 운영하는 명품 식품관에 가면 못 구하는 재료가 없다"고 했다.

전 세계의 별미를 찾아 해외 미식 투어를 다니는 부유층 식도락도 많다. 청담동에 사는 주부 P(42세) 씨는 지난해 여름, 사업가인 남편과 중학생 아들과 함께 프랑스 파리로 4박 5일 동안 '미식기행'을 다녀왔다. 세계에서 가장 권위 있는 레스토랑 평가 잡지인 ≪미슐랭 가이드 Michelin Guide≫로부터 최고 등급인 별 세 개를 받은 레스토랑 네다섯 곳을 도는 게 목표였다. 해외 맛 기행 일정을 전문적으로 짜 주는 한 고급 여행사 관계자는 "P 씨 가족처럼 스페인이나 이탈리아, 프랑스 등에 가 현지인들만 아는 지역 맛집을 찾아다니는 여행객이 늘고 있다"면서 "부유층 중에는 '식당은 최고급으로만 다니는 대신 호텔은 5성급이 아니어도 좋다'고 주문하는 분들도 있다"고 했다.

외식 문화도 '로컬'을 강조하는 트렌드를 따른다. 음식 문화 전문가인 최지아 온고푸드 대표는 "쿠스쿠스(듀럼밀을 으깨어 매콤한 스튜와 함께 쪄내는 북서부 아프리카 음식)나 하몽(소금에 절인 돼지고기 뒷다리로 만든 스페인 햄) 등 각국 현지 음식을 합리적인 가격에 파는 식당이 부유층 사이에서 인기"라고 했다. 또 중국 음식이나 이탈리아 음식이 먹고 싶다고 단순히 유명한 중식당, 이탈리안 레스토랑에 가는 것이 아니라 중국의 광저우 요리나 사천요리를 잘하는 곳, 이탈리아의 시칠리아 요리나 로마 요리에 특출 난 곳 등을 찾아 세분화된 맞춤형 식당으로 다니는 것도 특징이다. 도곡동에 사는 주부 S(40세) 씨는 "TV나 파워블로거가 소개하는 맛집 정보는 믿지 않고 주변 미식가들이 소개하는 음식점을 주로 간다"면서 "너절하게 많은 음식을 내놓는 곳보다 특정 단품 요리를 잘하는 곳이 좋다"고 했다.

대중화된 음식점이 아닌 특정인만 갈 수 있는 '폐쇄형 음식점'도 서울 강남을 중심으로 자리 잡고 있다. 주변의 시선을 신경 쓰지 않고 삶을 즐기려는 상위 1%의 생활 방식이 반영된 결과다. 강남의 한 백화점에는 16석의 '프라이빗 룸'이 있는데 초청받은 VVIP(극소수 상류층 고객)만 이곳에서 식사할 수 있다. 백화점 측은 비싸게는 600~1200만 원에 달하는 최고급 와인과 함께 최고급 요리를 선보인다.

상위 1% 중에는 '먹는 것이 곧 나를 보여준다'는 식의 과시적 소비를 하는 경향도 엿보인다. 간혹 S 푸드마켓을 찾는다는 서울 서초구의 주부 O(46세) 씨는 "주변에 수십만 원짜리 올리브 오일로 요리하는 사진을 찍어 소셜 네트워크 서비스SNS에 올리는 지인이 있는데 '나는 이런 재료로 요리해 먹는 사람이야'라고 뽐내는 인상"이라고 했다.

7장

건강관리

절대 빈곤층의 건강관리

암 두 번, 치료는 호사
참는다, 앓을 권리 없는 가난

상위 1%의 건강관리

줄기세포 주사 30회 5억 원
돈으로 젊음을 사다

암 두 번, 치료는 호사
참는다, 앓을 권리 없는 가난

"없는 살림에 병까지 얻으니 살길이 막막하네요."

경기 구리에서 홀로 손자 두 명을 키우는 극빈층 C(66세·여) 씨는 벌써 두 번째 암 투병 중이다. 2010년 자궁에서 암세포가 발견된 뒤 인정 많은 병원 원장의 도움으로 겨우 무료 수술을 받았는데, 최근에는 갑상선암 진단까지 받았다. 다행히 수술할 정도가 아니라 방사선 치료만 받고 있지만 병이 좀처럼 호전되지 않아 걱정이다. "몸을 가급적 움직이지 말고 무조건 쉬라"는 의사의 말을 따르지 못했으니 어찌 보면 당연하다. 쉬고 싶은 마음이야 굴뚝같지만 가난한 살림 탓에 가만히 누워 요양할 여유가 없다.

C 씨는 이혼한 둘째 아들이 떠맡긴 초등학생인 손자 두 명을 홀로 키워야 한다. 손자들을 태권도 학원에도 보내며 나름대로 교육에 신경 쓰지만 5학년인 큰손자는 주의력 결핍 과잉행동 장애ADHD 증상을 보

여 손이 더 많이 간다. 세 식구 먹을 밑반찬이라도 얻으려면 복지관에 가야 하는데 65세 이상 노인도 버스 차비는 내야 해서 30분 넘게 걸어다닌다. C 씨는 "걷다 보면 힘이 빠지고 어지러워 길바닥에 쓰러지는 게 아닌가 싶을 정도"라면서 "남편과 함께 손자를 키울 때는 아등바등 버텼지만 5년 전 사별한 뒤로는 정말 힘들다"고 했다.

C 씨의 삶은 '질병의 늪'에 빠지면 무기력하게 버티는 것 외에는 도리가 없는 절대 빈곤층의 자화상이다. 하루 벌어 하루 사는 빈곤층은 중병에 걸려도 가정의 생계를 꾸려야 하기에 노동을 멈출 수 없다.

경기 화성에 사는 싱글맘 P(40세) 씨는 2년 전부터 하혈에 시달렸다. 처음에는 지나가는 증상이겠거니 하고 대수롭지 않게 여겼다. 매일 세 시간씩 녹즙 배달을 해 먹고사는 일용직 근로자여서 시간을 내 병원에 갈 여유가 없기도 했다. 건강보험료를 오래 체납해 보험 혜택도 받기 어려웠다. 그런데 몸 상태는 갈수록 나빠졌고 교회 지인의 권유로 산부인과를 찾았을 때 '자궁내막증식증'(자궁 내막이 비정상적으로 두꺼워지는 증상)이라는 진단을 받았다. 의사는 P 씨를 향해 한숨을 내쉬며 "어떻게 이런 몸으로 1년을 버텼느냐"고 혀를 찼다. 하지만 병을 알고도 P 씨는 새벽 배달일을 그만둘 수 없었다. 열네 살과 일곱 살인 두 딸을 먹여 살려야 하는 엄마로서는 잠시 쉬는 것조차 감당 못할 사치로 느껴졌다. 일을 멈추면 두 딸의 학습지 값조차 대줄 수 없기 때문이다. P 씨는 "건강 문제로 스트레스를 너무 받아서인지 씻을 때 하수구가 막힐 만큼 머리카락이 빠진다"면서 "의사가 처방해준 약은 온몸이 후들

서울 동대문구 배봉산 인근에서 운동하는 시민들. 낡은 운동기구로 체력을 다지는 것이 유일한 운동법이다.

거릴 정도로 독해서 먹지 않고 있다"고 했다.

서울 도봉구에 사는 싱글맘 L(30세) 씨는 4년 전 딸을 난 뒤 건강이 급격히 나빠졌다. 제대로 산후조리를 못했고 출산 3개월 뒤부터 돈을 벌기 위해 곧장 일을 시작했다. 2년 전 어느 날 머리가 핑 돌더니 의식을 잃어 응급실로 후송됐는데 병원에서는 부정맥 진단을 내렸다. L 씨는 "몸 상태 때문에 종일 일하기는 어렵고 웨딩홀 뷔페에서 음식을 나르거나 전단지를 돌리는 등 아르바이트로 생계를 유지하고 있다"고 말했다. 하지만 들어가는 생활비에 비해 벌이가 적어 카드 빚을 2000만 원가량 진 상태다.

돈이 없는데 장애가 있다면 삶은 더욱 팍팍해진다. 서울 동대문구에 사는 기초생활수급권자 L(42세·여) 씨는 네다섯 가지 병을 늘 몸에 달고 사는 '걸어 다니는 종합병원'이다. 뇌병변장애로 거동이 불편한 그는 휠체어에 계속 앉아 있다 보니 추간판(디스크) 탈출증이 생겨 2년 전 허리 수술을 받았다. 전동 휠체어에 의지하는 탓에 운동은 전혀 할 수 없다. 몸이 아파 배변까지 불편해졌고 이 때문에 식사도 잘 안 한다. 하루하루가 즐거울 리 없다. 벌써 20년째 우울증 약을 먹고 있다는 L 씨는 "많은 빈곤층 장애인이 고단한 삶 때문에 우울증을 앓고 있고, 뇌병변 장애인들은 불편한 몸을 이끌고 화장실 가는 것조차 쉽지 않아 배변을 참다 보니 비뇨기관에도 문제가 종종 있다"고 했다.

열악한 주거 환경이나 영양부족 탓에 아동의 경우 면역력이 약해져 건강이 악화되는 일이 흔하다. 대구 달서구에서 홀어머니와 함께 사는 R(5세) 군은 알레르기성 비염 탓에 콧물과 기침을 1년 내내 달고 산다. 특히 겨울에는 감기에 수시로 걸려 비염 증세가 심해진다. 기초생활수급권자인 R 군의 어머니(35세)는 집 안이 불결해 병이 커지는 것 같아 걱정이지만 돈이 없으니 더 나은 환경으로 이사 가는 것도 불가능하다. 일반 주택 2층의 두 칸짜리 셋방은 습기 탓에 곰팡이가 번져 천장까지 얼룩덜룩했다. 욕실은 외풍이 심해 겨울에는 목욕할 엄두를 못 내고 환기를 제대로 시키지 못해 실내 공기도 나빴다.

서울 영등포구에 사는 싱글맘 S(42세) 씨는 초등학교 4학년인 막내 아들의 짓무른 피부만 보면 가슴이 아프다. 아들은 심한 아토피 피부염 탓에 쉴 새 없이 살을 긁는다. 근원 치료를 하려면 일반 식자재보다 1.5배가량 비싼 유기농 채소 등을 사 먹여야 하지만 형편상 마음껏 사기 어렵다. S 씨의 수입은 한 달에 약 50만 원 받는 기초생활수급비와 운전 아르바이트로 버는 50만 원을 포함해 100만 원가량이 전부다. 그녀는 "친환경 음식을 먹고 좋은 로션을 발라주면 호전될 것 같은데 못해주니까 미안하다"면서 "건강 때문에 걱정하는 부모 입장에서는 아이 성적을 두고 고민하는 엄마를 보면 부러울 지경"이라고 했다.

저소득층 아이들 중에는 정신 건강이 위험수위에 다다른 경우도 보인다. 기초생활수급권자인 P(47세) 씨의 열네 살, 일곱 살배기 두 딸은 간혹 TV를 보다가 발작을 해 엄마를 놀라게 한다. 6년 전 아버지가 사업에 실패하자 빚쟁이들이 수시로 집에 찾아와 독촉했는데 이 장면이 자매에게 '트라우마'로 남은 것이다. P 씨는 "딸들이 TV에서 싸우거나 사람을 죽이는 등 폭력적인 장면이 나오면 발작을 하고 지금도 모르는 사람이 집에 오면 방에서 나오지 않는다"고 했다. 하루빨리 병원에 아이를 데려가 심리 치료를 시키고 싶지만 매달 50만 원가량의 수입으로 간신히 끼니를 때우고 있어 엄두를 내지 못한다. 김은정 초록우산 어린이재단 아동복지연구소장은 "저소득층 중에는 아토피 피부염과 비염 등 면역력 약화와 관련된 질병에 걸리는 아이가 많다"면서 "집에 홀로 방치돼 TV만 보다가 ADHD 증상을 보이거나 인지능력이 떨어지는 아이도 많은 편"이라고 했다.

먹고살기 바쁘고 마음에 여유가 없는 절대 빈곤층은 따로 운동이라는 것을 생각하기 힘들다. 그저 생활 속에서 짬을 내 걷는 게 운동이라면 운동이다. 서울에 얼마 남지 않은 달동네인 서울 노원구 백사마을의 주민 H(73세) 씨는 "근처에 불암 종합 운동장이 있는데 거길 한 바퀴씩 도는 게 운동의 전부"라고 했다. 경기 부천에 사는 독거노인 Y(80세) 씨도 "집에서부터 복지관이나 동 주민 센터까지 오가면서 최대한 걸으려고 한다"고 했다. 절대 빈곤층은 인스턴트 음식 등 칼로리가 높은 식품을 많이 먹는 데 비해 운동량은 적다 보니 살이 찔 수밖에 없다. 그래서 고도 비만과 당뇨 등 만성질환 유병률이 높은 편이다.

기초생활수급권이 있는 빈곤층은 병원비·약값 등 의료비 지원을 비교적 폭넓게 받는다. 수급권자는 건강보험 적용이 되는 과목을 병원에서 진료받을 경우 자부담금 1000~2000원을 내면 되고 약을 살 때는 500원만 내면 된다. 이 때문에 의료비 혜택을 적극적으로 누리는 수급 빈곤층이 많은 편이다. 건강보험공단 관계자는 "수급 빈곤층 한 명이 한 해 평균 건강보험으로 지원받는 의료비는 357만 원(2013년 기준)으로 전체 가정의 서너 배 수준"이라면서 "가난할수록 몸이 아픈 사람이 많은 데다 혜택을 적극적으로 이용한 결과"라고 했다.

반면 얼마 되지 않는 환급금을 받기 위해 병원에 가지 않고 병을 참는 사람들도 있다. 건강보험공단이 1년간 의료비를 쓰지 않은 기초생활수급자에게 7만 2000원의 건강생활유지비를 '환급'해주는 규정을 노린 것이다. 경기도의 한 임대 아파트에 사는 L(33세) 씨는 다섯 살배기인 딸을 돌보다가 허리를 다쳤지만 병원에 가지 않았다. 수급권자인 그는 병원에 가도 1000~2000원밖에 들지 않는다. 하지만 L 씨는 "1년 동안 병원을 가지 않으면 매년 2월 건강보험공단이 몇만 원을 환급해준다"면서 "큰 병이 아니면 병원에 안 가려고 한다"고 했다.

건강보험 혜택을 수급권자처럼 받지 못하는 비수급 빈곤층도 돈 걱정 탓에 무료 진료소를 가거나 아파도 참는 게 일상이다. 독거 빈곤층

K(44세) 씨는 공사장에서 매달 70~80만 원 버는 게 수입의 전부이고 건강보험료도 200만 원이나 밀렸다. 아플 때 그가 할 수 있는 선택은 마냥 참거나 서울시 등에서 개설한 무료 진료소를 찾는 정도다. 그는 "더 늙어서 아플 수 있다는 점을 생각하면 보험이라도 들어놔야 하지만 당장 급한 게 아니라서 자꾸 미루게 된다"고 했다.

줄기세포 주사 30회 5억 원
돈으로 젊음을 사다

　서울 강남구 도곡동에 사는 중견 기업 사장 K(72세) 씨는 칠순이 넘은 나이에도 남들에게 '혈색이 좋다'는 소리를 자주 듣는다. 지금까지 감기 등 잔병치레도 거의 안 했다. 체력 역시 웬만한 40대에 뒤지지 않는다. 헬스 등 운동도 열심히 하지만 그만의 건강관리 비법은 따로 있다. 줄기세포 주사를 정기적으로 맞는 것이다.

　그는 한두 달에 한 번씩 부인과 함께 일본 오사카행 비행기를 탄다. 입국장에 도착하자마자 줄기세포 클리닉 관계자가 미리 잡아놓은 택시를 탄다. 10분 정도 이동해 클리닉에 도착한 뒤 병실 침대에 누워 배양 줄기세포 주사를 맞는다. 1~2억 개 정도의 세포를 투여하는 데 한 시간 정도 걸린다. 해외로 이동해야 하지만 시간 부담은 크지 않다. 오전 9시 비행기를 타고 출국했다가 오후 4~5시 비행기로 귀국하는 당일치기가 가능하기 때문이다.

그가 줄기세포 주사를 처음 맞은 건 4년 전. 친구를 통해 줄기세포 주사 알선 업체를 소개받으면서부터다. 한 차례 맞을 때마다 드는 비용은 비행기 요금을 포함해 500~1000만 원 정도다. 배양 줄기세포의 개수에 따라 비용이 달라진다. K 씨 부부는 지금까지 30번 정도 주사를 맞았다. 최근 4년간 부부는 줄기세포 주사를 맞는 데만 5억 원 가까이 썼다. 하지만 돈이 아깝지 않다. 관절염이 심했던 부인은 주사를 몇 번 맞더니 통증이 싹 사라졌다. 만병통치약까지는 아니지만 효과는 분명하다는 게 그의 지론이다. 그래서 주변 자산가들에게도 종종 권한다고 한다.

K 씨는 "내가 가는 오사카의 병원에 가면 암 환자도 일부 있지만, 나처럼 아픈 데가 없어도 면역력을 강화하고 건강을 유지하기 위해 오는 사람이 대부분"이라면서 "돈이 있으면 (생존의) 시간까지 살 수 있게 됐다"고 했다. 줄기세포 주사 알선 업체 관계자는 "많게는 하루에 30명에 가까운 국내 부자들이 외국 병원에서 줄기세포 주사를 맞기도 한다"면서 "요즘 부유층 사이에서 줄기세포 주사가 '대세'로 떠오르면서 해외 병원과 자산가들을 연결해주는 업체가 우후죽순으로 생기는 분위기"라고 전했다.

이들이 맞는 줄기세포 주사는 혈액이나 골수 등에서 성체줄기세포를 추출한 뒤 이를 배양한 것이다. 태아의 탯줄에서 추출하는 제대혈과는 구분된다. 한국에서 제대혈을 그냥 주입받는 건 합법이다. 하지만 자기 몸에서 추출한 줄기세포라도 이를 배양해 의료 목적으로 사용하려면 임상 시험 절차를 거쳐야 한다. 안전성을 높이기 위해서다. 임상 시험에는 일반적으로 4~5년 정도가 소요된다. 그러나 중국이나 일본 등 외국에서는 임상 시험을 거치지 않아도 된다. 한국보다 규제가 약해 줄기세포 주사를 맞기가 훨씬 간편하다는 이야기다. 또 다른 업계 관계자는 "배양 줄기세포 주사가 '불로초'로 알려지면서 위험성과 높은 단가, 불투명한 효과 등에도 불구하고 인기가 식지 않고 있다"면서 "다만 일본을 비롯해 다른 국가에서도 차츰 규제가 강화되고 있어 앞으로 음성화될 가능성도 없지 않다"고 했다.

상위 1%의 정기 건강검진도 일반인들의 수준을 훌쩍 넘어선다. 이들이 대표적으로 선택하는 서비스는 VVIP 검진이다. 삼성서울병원과 세브란스병원 등 웬만한 대학병원들이 모두 내놓고 있다.

수도권 지역 중소기업 사장 부인 C(60세) 씨는 모 대학병원의 프리미어 의료 서비스를 이용하고 있다. 건강검진뿐 아니라 병원 측에서 제공하는 건강관리 프로그램에 따라 관리를 받는다. 먼저 1년 중 하루를 잡아 집중 건강검진을 받는다. 개인이 직접 검사실을 찾아다녀야 하는 일반적인 건강검진과 달리 20평 크기의 VIP 병실(독방) 안에서 대부분의 검진이 이뤄지는 '황제 검진'이다. 침대에 누워 쉬고 있으면 간호사가 들어와 혈압이나 혈액 등의 검진을 진행한다. MRI나 CT 등 특수 의료 장비가 필요한 검사를 받을 때만 해당 검사실을 찾는다.

건강검진이 끝나고 결과가 나오면 1년간 C 씨를 담당할 전담 주치의와 간호사를 배정받는다. 이들로부터 전문 상담을 받는 것은 물론 직

수도권의 한 줄기세포 클리닉에서 보관 중인 제대혈.

통 전화번호도 따로 받아 365일 항상 문의할 수 있다. 여기에 영양사와 운동 코디네이터 등으로부터 건강증진 프로그램을 제공받는다. 해외 여행 때 현지에서 응급 상황이 발생할 경우 응급 헬기도 사용할 수 있다. 이렇게 해서 쓰는 비용은 1년에 1900만 원이다. 매달 150만 원씩 내고 전담 건강관리팀으로부터 의료 서비스를 받는 셈이다. 한 대학병원 VVIP 검진팀 관계자는 "서비스의 질을 유지하기 위해 110명의 회원제로 운영하고 있다"면서 "원래는 바빠서 건강관리를 제대로 하지 못하는 최고경영자CEO들을 대상으로 프로그램을 만들었지만 입소문이 퍼지면서 자산가들 중에서도 부부가 같이 회원으로 가입하는 경우도 많다"고 했다.

의료와 휴양을 결합한 '메디컬 리조트' 형태의 호텔도 제주도 서귀포에 등장했다. W 호텔에서는 오전에는 제주 천연수를 이용해 '수水치료'를 받고 오후에는 의사에게 검진을 받는다. 한라산이 보이는 힐링 센

의료와 휴양이 결합된 국내 한 메디컬 리조트의 내부 모습.

터에서 요가로 몸을 단련할 수도 있다. 미용성형과 항노화 클리닉, 맞춤식 건강증진 프로그램 등도 갖추고 있어 국내 부자뿐 아니라 외국 부자들에게도 인기다. 이 리조트의 회원 가입 보증금은 1~2억 원대다.

상위 1% 부유층은 운동에 돈을 아끼지 않는다. 서울 논현동에 사는 자산가 D(42세) 씨는 신사동에 위치한 고급 피트니스 클럽에서 운동을 한다. 기존 헬스 시설에 종합격투기MMA, 복싱, 스턴트 액션 등을 함께 연습할 수 있는 게 이곳의 특징이다. 유명 무술 감독과 방송인이 함께 세운 곳이어서 여기서는 치이는 게 연예인이다. 그는 이곳에서 연예인 트레이너로 유명한 강사로부터 1 대 1 퍼스널 트레이닝PT을 받는다. 비용은 시간당 10만 원이다. 일주일에 세 번 정도 이용한다. 그가 이곳에서 '몸짱'이 되기 위해 쓰는 비용은 한 달에 150만 원 정도다. D 씨는 "똑같이 한 시간을 운동하더라도 별다른 지도 없이 할 때와 PT를 받을 때의 몸 상태가 확연히 다르다"면서 "운동으로 1년에 차 한 대 값을 쓰지만 그만큼 투자할 가치가 있다"고 말했다.

L 씨도 아파트 단지 내 피트니스 센터에서 1 대 1 웨이트트레이닝을 받는다. 한 시간에 10만 원씩 하는 트레이닝을 주 5회 받는다. 한 달에 200만 원 정도를 쓰지만 만족도는 높다. L 씨는 "한때 골프도 배웠지만 체질에 맞지 않아 그만뒀다"면서 "꾸준히 운동을 한 덕분에 허리와 부인병이 좋아진 것은 물론 취미인 여행을 다닐 수 있는 체력도 생겼다"고 했다.

회원제로 운영되는 고급 피트니스 클럽도 상위 1% 부유층이 많이 찾는 운동 장소다. 서울 남산 자락에 위치한 6성급 리조트형 호텔의 피트니스 클럽 보증금은 무려 1억 원에 달한다. 여기에 연 500만 원의 회원비가 추가된다. 이 클럽은 강남의 '젊은 엄마'들에게 인기다. 엄마가 운동하는 동안 자녀를 돌봐주는 서비스를 제공하는 한편 스키, 승마 등 강습도 무료로 시켜주기 때문이다. 인근의 프라이빗 멤버십 클럽 역시 1인당 보증금 7000만 원에 연 회원비가 400만 원이다. 돈만 있다고 이곳의 회원이 될 수는 없다. 기존 회원 두 명이 추천을 해줘야 회원 자격이 주어진다. 회원들이 친구 등을 불러 가벼운 파티를 할 수 있도록 장소와 뷔페식 음식도 제공한다. 서울 압구정동에 사는 중소기업 사장 E(53세) 씨는 "단순히 운동을 하는 곳이 아니라 어느 정도 '급'이 되는 사람들이 친분을 쌓을 수 있는 사교 클럽의 성격이 더 강하다"고 했다.

최근에 리모델링한 남산 인근의 특급 호텔 피트니스 클럽도 부유층이 많이 찾는 장소다. 이 클럽은 조지 소로스George Soros, 잭 웰치Jack Welch 등 억만장자들이 애용하는 미국 뉴욕의 '시타라스 피트니스'와

제휴해 화제가 됐었다. 여기서 제공하는 '시타라스 프로그램'은 고객이 먼저 개인 트레이너와의 상담을 통해 프로그램을 정한다. 이후 체형과 신체 특성 등을 상세히 측정한 뒤 이를 기반으로 개인 트레이너가 설계한 맞춤형 운동 프로그램을 체험할 수 있다. 이어 운동 효과와 향후 건강관리 계획 등을 조언받게 된다. 청담동에 거주하는 변호사 P(47세) 씨도 이 호텔 피트니스 클럽의 회원이다. P 씨는 "4000만 원 정도인 보증금을 한 번에 내야 하는 부담은 있지만 수영장 수질이나 운동기구의 질이 다른 헬스클럽보다 월등하다"면서 "사람들과 부딪치지도 않고 조용한 편이라 일주일에 두 번 정도 가서 운동한다"고 했다.

목동에 사는 자산 50억 원대의 교수 G(57세) 씨는 사이클 마니아다. 그는 완성품 사이클을 사는 게 아니라 전문 업체에 의뢰해 고가의 외제 부품을 수입한 뒤 스스로 조립한다. 부품 값은 프레임 500만 원, 크랭크 200만 원, 휠세트 500만 원 등 총 1200만 원이 넘는다. 스위스(스캇)와 프랑스(마빅) 브랜드들이다. G 씨는 "자칫 내리막길에서 체인이라도 끊어지면 큰 사고로 연결되는 만큼 자전거의 질에 신경을 많이 쓰는 편"이라고 했다.

8장

여가 생활

절대 빈곤층의 여가 생활

유일한 낙, TV 시청
전기세 겁나 그나마도 짬짬이

상위 1%의 여가 생활

전용기 타고 홍콩서 저녁
1박 5000만 원 귀족 투어

유일한 낙, TV 시청
전기세 겁나 그나마도 짬짬이

"지난해 큰맘 먹고 거금 120만 원을 주고 3D-TV를 샀습니다. 일거리가 없는 날이면 눈을 떴을 때부터 감을 때까지 보는 TV에 '사치'를 부린 거죠."

서울 강북 지역의 임대 아파트에 사는 J(55세) 씨의 '재산목록 1호'는 TV다. 3년간 매달 3~4만 원씩 모은 돈으로 최신 TV를 샀다. 그가 공사판에서 버는 한 달 수입(100만 원)을 훌쩍 넘는 '사치품'이다. 다른 가구들은 재활용센터에서 헐값에 사들이거나 버려진 걸 주워왔지만 TV는 달랐다. 스포츠뿐 아니라 평소 즐겨 보는 SF 영화도 기존에 쓰던 구형 브라운관 TV 대신 3D-TV로 보니 현장감이 훨씬 살아났다. J 씨는 "TV가 없으면 딱히 낙이 없고 뉴스라도 봐야 세상 돌아가는 걸 알 수 있다"면서 " 서너 달 생활비 전부를 TV 사는 데 썼어도 별로 아깝지 않다"고 했다.

놀기 위해서는 돈과 여유가 필요하다. 그래서 먹고사느라 고달픈 절대 빈곤층에게는 TV가 유일한 여가 수단인 경우가 많다. 그저 켜놓는 것만으로도 온갖 '문화생활'을 브라운관을 통해 간접경험할 수 있기 때문이다. 그나마 경기 안산에 거주하는 독거노인 O(76세) 씨에 비하면 J 씨는 '호사스러운' 축에 든다. O 씨는 TV를 보고 싶어도 전기세 걱정 때문에 손이 잘 가지 않기 때문이다.

O 씨가 단칸방에서 매일 아침 눈을 뜨는 시간은 오전 4시. 하지만 딱히 할 게 없다. 밖이 깜깜해 산책할 수도 없는 시간이다. TV라도 보고 싶지만 기초생활수급비로 생활하는 처지라 전기세 걱정에 잘 틀지 않는다. 가만히 누워 천장을 보며 해가 뜨기를 기다리는 수밖에 없다. 그렇게 시간을 보낸 뒤 간단히 아침을 먹고 오전 10시쯤 동네 경로당을 찾는다. 거기서 인근 노인들과 어울리며 줄곧 TV를 시청한다. O 씨는 "집에서는 (공중파만 나와서) 채널이 몇 개 안되지만, (케이블 채널을 갖춘) 경로당 TV는 채널이 많아서 더 볼 게 많다"면서 "저녁 때 집에 오면 밥 먹으면서 TV를 잠깐 보다가 8시면 끄고 잠자리에 든다"고 했다.

경기 광명에 사는 독거노인 C(83세·여) 씨는 노환으로 거동이 불편하다. 그의 유일한 낙은 TV 시청이다. 하지만 낮 대신 밤에만 본다. 하루 종일 TV를 틀어놓기에는 전기세가 감당이 안 되기 때문이다. C 씨는 "오후 6시 이후 세 시간이 TV 시청 시간"이라면서 "TV로 영화를 보고 싶어도 (공중파에서는) 늦게 영화를 틀어주니까 요즘엔 제대로 본 게 없다"고 했다.

조금 더 여유가 있는 빈곤층은 PC방에서 여가를 보내기도 한다. 서울 서대문구의 매입 임대 빌라에 사는 P(45세) 씨는 2주에 한 번꼴로 일 없는 날을 골라 PC방에서 '게임 데이'를 즐긴다. 보통 한 번 가면 13시간 정도 게임을 한다. 한때 20시간 연속으로 죽치고 앉아 게임에 몰입한 적도 있다. 1만 원이면 13시간 정도 게임을 할 수 있어, 점심으로 자장면을 시켜 먹거나 컵라면 등 간식을 먹어도 2만 원이면 하루를 날 수 있다. P 씨는 "게임방에서 오락을 하다 보면 서너 시간이 훌쩍 가 있어서 시간 보내기 좋다"면서 "게임 도중 채팅에서 만난 사람의 소개로 경기 인근 지역에서 일주일 동안 막노동을 한 적도 있다"고 했다.

대다수 빈곤층은 제대로 된 여행을 꿈꾸기 힘들다. 국가인권위원회의 '2014년 비수급 빈곤층 인권 실태 조사'에 따르면 1년에 한 번 이상 2박 3일 이상의 여행을 다녀오지 못한 빈곤층(기초생활수급대상자)은 98%로, 전체 가구 평균(22.4%)의 네 배가 넘는다.

C 씨는 평생 여행다운 여행을 다녀온 기억이 없다. 젊은 시절 명절 때 고향인 전남 광주를 오간 것 외에는 순전히 여가를 위해 버스 같은 대중교통을 타고 나간 적이 없다. 더욱이 몸을 맘대로 움직일 수 없는 요즘에 여행은 더욱 꿈도 못 꾼다. 그는 "재작년 노인복지관에서 여는 무료 나들이에 따라 갔다가 몸살이 걸려 꼬박 일주일을 누워 지냈다"면서 "사는 게 심심하고 따분해 죽을 날만 기다리는 셈"이라고 했다.

빈곤층 아이들 역시 여행이나 나들이를 쉽게 가지 못한다. 부모가 형편이 안 되는 데다 거동이 불편하거나 일 때문에 아이들과 시간을 보낼 짬이 없는 탓이다. 아름다운지역아동센터 관계자는 "지난해 여름 서울 지역 저소득 가정 아동과 청소년을 대상으로 한강에서 역사와 문화 체험을 하는 무료 프로그램을 진행했는데 '한강에 처음 와봤다'는 아이들이 적지 않았다"고 했다.

여행을 떠나고 싶지만 쉽사리 가지 못하는 빈곤층의 약점을 노린 '사기 행각'도 종종 벌어진다. 서울 송파구 거여동의 빈곤층 E(74세·여) 씨는 지난가을 황당한 일을 당했다. 낯선 이들이 E 씨가 자주 가는 동네 경로당을 찾아 "공짜로 세종시 구경을 시켜주겠다"면서 전세 버스에 오를 것을 종용했다. E 씨와 주변 노인들은 의심 없이 따라나섰다. 그러나 이들이 내린 곳은 세종시가 아닌 서울 외곽의 허름한 가건물 강의실이었다. 이들은 노인들을 앉힌 뒤 녹용과 옥장판 등을 파는 강의를 네 시간 넘게 진행했다. 항의하는 이들에게는 "자꾸 이러면 못 간다"며 윽박질렀다. E 씨는 "강의와 호객 행위가 끝난 뒤, 차로 다시 경로당에 데려다준 게 다행이었다"면서 "그 이후에는 누가 '공짜 여행을 보내준다'고 해도 절대 따라가지 않는다"고 했다. 참여연대 관계자는 "겨우 의식주만 해결하는 수준을 도와주는 현재 우리나라의 빈곤층 지원 시스템으로는 빈곤층이 여가라는 걸 누릴 수 없다"고 했다.

반면 '정보검색'에 능한 빈곤층 중에는 복지 단체에서 지원하는 무료 여행의 기회를 잡은 경우도 있었다. 경기도 시흥에 거주하는 기초생활수급 대상 미혼모 K(40세) 씨는 2013년 여름 강원도 속초로 2박 3일 휴가를 다녀왔다. 초등학교 6학년인 큰아들과 두 살 난 딸 외에 100일이

서울의 한 빈곤층 거주 지역에서 한 노인이 햇볕을 쬐고 있다. 특별한 여가 생활이 없는 빈곤층 노인들은 주로 집에서 시간을 보내거나, 공원에서 장기를 두며 시간을 보낸다.

갓 지난 막내딸까지 네 식구가 함께했다. 그러나 돈은 한 푼도 들지 않았다. 모 복지재단이 한 부모 가정 등을 대상으로 주최한 여름휴가 프로그램에 참가했기 때문이다. 주최 측이 숙박과 교통, 식사비 일체를 무료로 제공했다.

K 씨는 2014년 11월에 아이들과 제주도 여행도 다녀왔다. 이 역시 싱글맘 관련 협회의 후원 덕분이었다. 아이들은 물론 K 씨 역시 비행기를 탄 건 처음이었다. K 씨는 "아이들을 위해 1년에 한 번은 어떤 수를 쓰더라도 함께 여행을 가려고 한다"면서 "집에만 있는 애들을 생각하면 무료 여행을 갈 좋은 기회가 없을까 여기저기 찾아보게 된다"고 했다. K 씨는 미혼모 관련 협회가 여는 '부모 교육' 강의를 20차례 수강하면 제주도 여행을 무료로 할 수 있다는 정보를 인터넷에서 검색한 덕택에 행운을 잡을 수 있었다.

영화 관람도 빈곤층에게는 쉽지 않다. 노년 빈곤층 중에는 최근 수십 년간 영화관을 찾은 적이 단 한 번도 없다는 사례가 수두룩했다. 특히 한창 영화 관람에 맛을 들일 젊은 층이 돈 때문에 참아야 하는 것은

'고문'이나 다름없다. 그러다 보니 다양한 방식이 동원된다. 서울의 한 사립대에 재학 중인 '스튜던트 푸어' S(27세) 씨는 밥 먹을 돈을 아껴 영화를 볼 정도로 영화 애호가다. 하지만 영화 관람비는 지갑이 가벼운 그에게 큰 부담이다. 이런 이유로 그는 대형 멀티플렉스 영화관 대신 스크린을 적게 내거는 군소 영화관에 주로 간다. S 씨는 "멀티플렉스는 관람비가 1만 원에 가깝지만 단관 극장은 6000원 정도만 내면 된다"면서 "이것조차 부담스러우면 인터넷으로 영화 파일을 공짜로 내려받아 본다"고 했다. SF 영화를 즐겨 보는 H(34세) 씨도 "극장에서 영화 한 편을 보는 데 1만 원이나 내야 하니 최근 6년간 극장 문턱도 밟지 못했다"면서 "대신 가끔 동대문시장 등에서 복제한 최신 영화 DVD를 다섯 편에 1만 원 주고 사서 집에서 본다"고 했다.

서울 종로 탑골공원은 예나 지금이나 빈곤 노년층의 놀이터다. 강서구에 사는 H(82세) 씨도 매일같이 정오쯤이면 탑골공원으로 출근한다. 공원 팔각정 주변에 자리를 잡은 뒤 허리에 찬 소형 카세트 라디오를 들으며 천천히 공원을 산책한다. 팔각정에 앉아서 주변 친구들과 이런저런 이야기를 나누기도 한다. 한 달 소득이 국민연금 40만 원에 노인연금 16만 원 정도가 고작인 처지라 탑골공원만큼 '경제적인' 소일거리 공간도 없다. 주변 식당들의 밥값이 저렴한 것도 장점이다. 국밥 한 그릇에 소주 한 병을 시키는 데 6000원 정도면 충분하다. 친구들과 함께 소주잔을 기울이다 보면 한두 시간이 훌쩍 간다. H 씨는 "지하철 요금은 공짜니 밥값 정도를 빼면 별로 돈 들 일이 없다"면서 "날씨가 좋을 때는 청와대 앞까지도 놀러간다"고 했다. I(71세) 씨도 매일 아침 경기도 성남에서 탑골공원으로 나오는 '터줏대감'이다. 그는 "밖에서 밥을 챙겨 먹지 않으면 한 달 용돈으로 10만 원이면 충분하다"면서 "잠실 석촌호수 부근도 우리 같은 사람들이 찾는 장소"라고 했다.

봉사활동으로 여가를 보내는 빈곤 노년층도 일부 보인다. 경기도 광명에 사는 독거노인 J(82세·여) 씨는 10년째 지역 노인복지센터 뜨개질 교실에서 다른 노년층을 가르친다. 그녀는 "그냥 놀 바에야 다른 사람들을 위해 움직이는 게 훨씬 보람 있다"고 했다.

전용기 타고 홍콩서 저녁
1박 5000만 원 귀족 투어

　지난해 파란 눈의 한 외국인 남성이 인천국제공항에 도착했다. 그는 한국 측 인사들의 극진한 안내를 받으며 미리 대기하고 있던 리무진을 타고 최고급 호텔로 향했다. 이 남성은 예술품 수집에 관심 있는 강남의 한 부녀자 모임이 초청한 벨기에 출신의 유명 '아트 어드바이저'였다. 아트 어드바이저는 예술가와 수집가의 거래를 이어주는 전문가다. 국내 사업가의 부인 대여섯 명으로 구성된 이 모임은 아트 어드바이저에게 비즈니스 클래스 왕복 항공권과 국내 최고급 호텔 숙박, 고급 승용차 교통편을 무료 제공하는 등 특급 대우를 해줬다. 모임 회원 중 한 명은 이 어드바이저의 조언을 듣고 5억 원짜리 작품을 구매했다고 한다. 경력 10년의 큐레이터 A 씨는 "당시 방한했던 어드바이저가 최고급 대우를 받고 감동해서 돌아갔다"면서 "한자리에서 수억 원짜리 작품을 턱턱 사들이는 부인들의 모습을 보고 신기하다는 반응을 보이더라"고 말했다. 이 모임은 스위스 아트페어art fair나 파리 아트페어 등 세계 각국의 행사나 전시관을 단체 방문하며 해외 수집을 하기도 한다.

IT 중소기업 사업가의 부인 L 씨는 최근 10여 명이 참여하는 앤티크 (골동품) 모임을 만들었다. 이 모임에는 큐레이터와 작가들도 포함됐다. 골동품에 대한 시장 동향 등 정보를 나누고 구매하기도 한다. L 씨는 "앤티크 하면 가구만 생각하기 쉬운데 시계만 모으는 사람, 조명만 모으는 사람 등 분야별로 다양하다"고 했다.

문화 예술, 특히 미술품 관람은 부유층의 대표적 취미 생활 중 하나다. 이는 재테크를 위한 목적도 크다. 경력 15년의 큐레이터 C 씨는 "아직까지 미술품은 세금의 불모지라고 할 수 있다"면서 "자녀에게 물려주기 위해 작품을 구입하는 경우도 많다"고 했다.

최근에는 큐레이터가 수집가를 대신해 작품을 구매하는 경우도 꽤 있다고 한다. 대개 전 세계 고가 30위 안에 드는 유명 작품이 대상이다. 미국의 팝 아트 화가인 로이 릭턴스타인Roy Lichtenstein 이나 잭슨 폴록Jackson Pollock 에서부터 이탈리아 출신 화가 아메데오 모딜리아니 Amedeo Modigliani, 스페인 출신 입체파 화가 파블로 피카소Pablo Picasso 등의 그림들은 워낙 검증된 작품이니 직접 볼 필요도 없다고 생각한다고 한다. 최근 150억 원짜리 작품 거래를 성사시켰다는 L 씨는 "고가 작품의 경우 99.9% 현금 구매"라며 "수십억 원도 달러로 계산한다"고 했다. 그는 "지난해 3월 뉴욕에서 열리는 아트페어에 갔더니 돈 세는 기계까지 가져다 놓았더라"고 했다.

상위 1% 부유층은 해외여행도 단순한 '인증샷 관광'이 아니라 테마 여행을 선호하는 추세다. 음악, 그림, 유적 등 문화 예술 기행과 미식 투어 등이 그 예다. 유럽에 있는 유명 미술관을 통째로 빌려서 혼자서 즐기기도 하고 프랑스에서 ≪미슐랭 가이드≫가 추천한 레스토랑만 투어하기도 한다. 유럽 곳곳의 와이너리(포도주를 만드는 양조장)를 방문해 와인을 즐기는 여행도 있다. 한 고급 여행 전문 업체 관계자는 "와이너리도 그냥 돈만 내고 방문하는 게 아니라 그쪽의 초대를 받고 싶어 한다"며 "초대를 받으면 와인의 급이 달라지기 때문에 인맥을 동원하기도 한다"고 전했다. 서울 강남구에 사는 변호사 E 씨는 "최근 지인 중 한 사람이 의류 사업으로 큰돈을 번 뒤 가이드 한 명을 데리고 미술관 투어를 다니기 시작했다"면서 "부자가 되고 나면 그다음에는 문화적 소양을 높여 '귀족'이 되고 싶어 하는 심리가 있다"고 했다.

상위 1%는 워낙 안 가본 데 없이 외국을 많이 돌아다닌 탓에 '틈새 여행'을 위해서 머리를 쥐어짜야 할 정도다. 200억 원대 자산가로 운수 업체 사장인 H 씨의 부인은 1년에 10회 정도 해외에 나간다. 자주 갈 때는 한 달에 두세 번씩 해외에서 쇼핑이나 여행을 하다 보니 미주·유럽·아프리카 등 안 가본 데가 없을 정도다. 그녀는 "안 가본 여행지를 찾다 보니 요즘엔 케냐 등 아프리카 투어도 다닌다"면서 "내 주위에는 잉글랜드 프리미어리그 경기를 보기 위해 영국에 잠시 다녀오는 사람들도 있다"고 했다.

상위 1% 중에서도 2~3세 젊은 상류층은 세계 최고 수준의 호텔과

골프장도 과감하게 가는 경우가 많다고 한다. 유학 경험이 있고 어려서부터 해외의 좋은 곳을 많이 다니다 보니 안목도 높아졌다는 것이다. 이에 맞춰 한 국내 여행사에서는 '0.1%만을 위한 휴식'이라는 콘셉트로 프리미엄 여행 상품을 내놓고 있다. 8인용 전용기를 타고 홍콩으로 가 야경을 구경하며 저녁 식사를 할 수 있는 일정이다. 전용기 실내는 프리지어 꽃으로 장식되고 클래식 음악이 깔려 로맨틱한 분위기를 연출할 수 있게 했다. 홍콩에서 이동 시에는 벤츠 S-600 승용차를 이용한다. 1박 기준으로 가격은 5000만 원부터이며, 숙박과 일정은 본인이 원하는 대로 맞춤형이 가능하다.

고급 여행 전문 업체 관계자는 "가족 여행을 할 때는 한국인이 아닌 현지 외국인 가이드를 원하기도 한다"면서 "어차피 영어 소통은 가능하니 가족 간의 사생활을 가이드한테 알리지 않고 식구들끼리 편하게 한국어로 이야기하기를 원하기 때문"이라고 했다. 하나투어 관계자는 "아직 상용화 단계에 이르지는 않았지만 우주여행(2억 원 상당) 예약자도 받고 있다"면서 "머지않아 우주선을 타고 우주를 관광하고 돌아오는 여행도 가능해질 것"이라고 했다.

'나만 즐길 수 있는 것', '남들은 알지 못하는 특별한 것'도 상위 1% 여가의 키워드다. 일반적인 관광지로 소개되지 않은 곳, 그 나라만의 문화를 즐길 수 있는 곳을 선호한다고 한다. 예전에는 커다란 빌딩에 화려한 로비를 갖춘 5성급 호텔을 선호했다면 최근에는 그 나라 역사와 문화가 스민 고성古城 호텔들을 찾아다니기 시작했다는 것이다. 하

국내 한 항공사의 전용기 내부 모습. 거실처럼 편안하게 휴식을 취할 수 있는 공간이 마련돼 있을 뿐 아니라 탑승 인원에 따라 좌석 수를 변경하는 것도 가능하다.

룻밤에 100만 원 수준인 이탈리아 토스카나에 있는 고성 호텔 등이 그 예다.

'럭셔리 맞춤형 관광'도 여전히 인기다. 서울 강남구에 사는 50대 사업가 G 씨는 지난해 8월 부인과 함께 7박 9일 일정으로 호주와 뉴질랜드를 다녀왔다. 여행사에 일정을 짤 때 레스토랑과 호텔은 최고급으로, 골프장은 세계적 랭킹 순위에 있는 곳으로 예약해달라고 주문했다. G 씨는 첫째 날 시드니 항구가 내려다보이는 특 1등급 호텔인 파크하얏트에서 짐을 푼 뒤 오페라하우스에서 베르디Giuseppe Verdi의 〈리골레토Rigoletto〉를 관람했다. 둘째 날에는 시드니 남쪽 해안 도시인 울릉공으로 이동해 카이아마 해변 등을 둘러보고, 저녁에는 하얏트 호텔 내 식당에서 구운 도미와 다진 호두를 곁들인 푸딩 등을 먹으며 만찬을 즐겼다. 세계 톱 100위 레스토랑 중 60위에 꼽힌 고급 레스토랑이었다. 셋째 날에는 2014 세계 랭킹 43위에 꼽힌 뉴사우스웨일스 골프장에서 라운딩을 했다. 이 골프장은 18홀 중 절반 이상이 태평양과 맞닿아 있어 빼어난 진망을 자랑힌다.

다음 날 뉴질랜드 오클랜드로 이동한 G 씨 부부는 온천 도시 로토루아에서 온천욕을 즐기고 영국 엘리자베스 여왕Elizabeth II과 빌 게이츠 Bill Gates 등이 묵었던 곳으로 유명한 후카 로지에서 하룻밤을 보냈다. 로지는 자연 풍경 전망이 훌륭한 곳에 자리한 소규모 숙소로 호텔과는 다르게 고급 별장에 온 듯한 느낌을 준다는 점이 마음에 들었다. 나머지 이틀은 로토루아 호숫가 주변에 위치한 또 다른 로지인 페퍼스 온더 포인트와 역시 최고급 호텔인 폴리스에서 여유를 즐겼다. 개인적으로 쓴 비용을 제외하고 여행사에만 1인당 1350만 원씩 총 2700만 원을 지불했다. G 씨의 이번 일정을 주관한 고급 여행업체 관계자는 "유럽 여행 때 단체로 등산복을 입고 가는 여행객들과는 격이 다르다"면서 "일정에 쫓기지 않고 격식에 맞게 정장을 갖춰 입고 오페라하우스에 갈 수 있도록 충분한 시간을 염두에 두고 일정을 짜달라고 주문하는 등 여유를 즐기기 원한다"고 했다.

상위 1%는 신세계의 T, CJ 그룹의 N, 효성그룹의 W 등 최고급 골프장을 이용한다. 그중 T 골프장은 입회 보증금이 최소 15억 원에서 21억 원에 달하는 것으로 알려졌다. 라운드 내내 앞뒤 팀을 만날 수 없는 이른바 '대통령 골프'를 자랑한다. 신비주의도 이곳의 특징이다. 변호사 K 씨는 "수억 원씩 내면서 이런 골프장을 이용하는 이유가 자기만을 위한 프라이빗(사적인) 공간을 중요하게 생각하기 때문"이라면서 "한편으로는 사람들의 허영심을 자극하는 마케팅이기도 하다"고 했다. 이

골프장의 회원권을 보유하고 있다는 것만으로도 귀족이라는 느낌을 갖게 한다는 이야기다.

상위 1%는 술을 마실 때도 멤버십제로 운영하는 호텔 바같이 프라이빗 장소를 선호한다. 서울 강남구에 있는 I 호텔의 바 멤버십은 연회비가 100~500만 원이다. 500만 원짜리 VVIP 멤버십은 연간 조니워커 플래티넘 18년산 또는 싱글톤 15년산 11병과 맥주 30병을 무료로 제공하며, 다른 식음료와 객실 숙박비를 할인해준다. 이 호텔 멤버십 회원인 IT 회사 사장의 부인 I 씨는 "술을 보관해놓고 언제든지 편하게 마실수 있다"면서 "손님들로 붐비지 않아 자주 애용하는 편"이라고 말했다. 패션 업체 대표 J 씨는 "청담동 부근에는 아예 멤버십 회원만 출입이 가능한 소규모 바들이 꽤 있다"고 말했다.

9장

결혼

절대 빈곤층의 결혼

한 달 80만 원 벌어
결혼은 무슨 ……
돈 안 드는 썸이나

상위 1%의 결혼

아파트, 외제 차, 상가
결혼이 선물
개천의 용은 결사반대

한 달 80만 원 벌어
결혼은 무슨……
돈 안 드는 썸이나

서울 노원구의 매입 임대 주택에서 혼자 사는 남성 P(45세) 씨는 일찌감치 결혼을 포기했다. '가정을 꾸린다면 책임감을 느껴 더 열심히 일하고 돈도 모을 수 있지 않을까' 하는 상상을 안 한 건 아니다. 하지만 스스로 겸연쩍은 마음이 들어 고개를 흔든다. P 씨는 "내일모레면 쉰인데, 모아둔 돈도 없고 여자를 사귀어본 경험도 거의 없어 결혼에 대한 미련을 접었다"고 했다. P 씨의 한 달 수입은 공사장에서 일용직으로 근로하며 버는 70~80만 원이 전부다. 물론 그에게도 한때 마음이 통했던 사람이 있었다. 20대 후반이었던 1990년대 말, 서울의 한 봉제 공장에 다닐 때 만난 여공이었다. P 씨는 "당시 그 여자에게 300만 원이 든 월급 통장을 믿고 맡겼는데 통장을 가지고 도망쳤다"며 "이후 여자를 사귈 생각을 아예 하지 않았다"고 털어놨다. 결혼 생각은 없지만 남성적인 욕구가 자연스럽게 드는 것은 어쩔 수 없다. P 씨는 "종로 쪽에 가면 '박카스 아줌마'(남성에게 음료수를 주며 접근해 성매매하자고 꾀는 여성)가 많다"면서 "예전에 2~3만 원을 주고 여인숙에서 관계를 가진 적이 있는데 이제는 성매매가 불법인 걸 알고는 참으려고 노력한다"고 했다.

절대 빈곤층은 사랑하는 사람을 만나 결혼을 결심하더라도 돈 때문에 제대로 된 예식을 치르지 못한 채 가정을 꾸리는 경우가 허다하다. 경기도의 한 임대 아파트에 사는 C(43세) 씨는 아내(31세)에 대한 미안함을 늘 가슴 한 켠에 품고 있다. 결혼 전 귀금속 업체에서 세공사로 일했던 그는 회사가 갑작스레 도산하면서 일자리를 잃었다. C 씨는 "한쪽 다리가 불편한 데다 벌이마저 끊긴 상황에서 결혼은 남의 이야기로만 들렸다"고 회상했다. 이때 친구의 소개로 아내를 만났고 마음이 끌려 6개월간 교제한 끝에 2012년 혼인신고를 했다. 하지만 부모를 일찍 여읜 데다 변변한 일자리가 없다는 공통점을 가진 C 씨 부부는 조촐한 결혼식조차 올릴 수 없었다. 특히 세공사로 일하며 고급 혼수용 보석을 다듬었던 C 씨로서는 정작 자신의 신부를 위한 반지 하나 맞춰줄 수 없다는 현실이 서글펐다. 그랬던 C 씨는 지난해 말 한국토지주택공사 LH가 임대 아파트 입주민을 위해 마련한 무료 합동결혼식 지원 대상자로 뽑혀 아내와 전통 혼례를 올렸고 토지주택공사로부터 18K짜리 금반지를 받아 아내의 손가락에 끼워줬다. 토지주택공사 관계자는 "임대 아파트 입주민 중에는 어려운 사정 탓에 결혼식을 올리지 못한 이들이 많은데 무료 혼례라도 올린 C 씨는 운이 좋은 편"이라고 했다.

경기도에 사는 기초생활수급권자 B(35세) 씨는 TV 드라마를 보다가 결혼식 장면이 나오면 서러움을 느껴 채널을 돌린다고 했다. 남편과 혼인신고하고 산 지 10여 년이 됐지만 아직 결혼식을 따로 올리지 못했기 때문이다. 남편이 최근 "딸이 초등학교에 갔으니 가족사진이라도 찍자"고 제안했지만 B 씨는 "결혼사진도 못 찍었는데 무슨 가족사진이냐"며 핀잔을 줬다고 한다. 부부 모두 몸이 불편해 직업 없이 기초생활보장 수급비에 의존해 생활하다 보니 10여 년 전 살림을 합칠 때 신혼집을 따로 구하지 못했고, 남편이 살던 10평 남짓한 빌라 셋방에 들어가 신혼생활을 시작해야 했다. 예물이나 예단, 혼수는 당연히 없었다. B 씨가 남편에게 받은 결혼 선물이라고는 은반지가 유일했지만 이마저도 피부 알레르기 탓에 끼지 못했다. 다행히 B 씨 부부도 C 씨 부부처럼 삼성전자를 비롯한 기업체의 도움을 받아 지난해 말 합동 혼례를 무료로 올렸다. 웨딩드레스를 입고 결혼사진도 찍었다. 서울의 한 구청 관계자는 "돈이 없어 결혼식을 올리지 못한 어떤 극빈층 부부는 초등학생인 아이가 '엄마, 아빠는 왜 결혼사진이 없어요'라고 물을 때마다 먹먹함을 느낀다고 하더라"면서 "나도 아이를 키우는 입장에서 그런 이야기를 들으면 마음이 아프다"고 했다.

아직 결혼하지 않은 청년들도 가난 탓에 사랑 앞에서 좌절하는 일이 많다. 돈이 없으니 연애조차 사치로 느끼는 '스튜던트 푸어'가 많고 이성 친구를 사귄다 해도 끊임없이 호주머니 사정을 걱정해야 한다. 서울의 한 사립대에 다니는 D(26세) 씨는 대학 입학 뒤 지금껏 연애를 멈

춰본 적이 없다. 아버지의 사업 실패 때문에 아르바이트로 대학 등록금과 생활비를 직접 벌어야 했던 그이지만 연애는 퍽퍽한 삶 속의 활력소가 됐다. 하지만 넉넉한 자금 없이 여자 친구를 만나는 건 무척 어려웠다. 그는 "돈 없이 연애하다 보면 행복의 총합을 계산하려고 하는 공리功利주의자가 되는 것 같다"고 했다. 이성을 만날 때 들이는 식비, 선물값 등과 이성과 만나면서 얻을 수 있는 만족감을 대조해 계산하는 습관이 생겼다는 것이다.

그는 "주머니가 빈 날이 많아 마음 가는 대로 행동하는 데 많은 '머리 굴림'이 필요하다"면서 "이를테면 '썸 타는'(정식 교제에 앞서 미묘한 호감을 주고받는 행위) 여자와 데이트할 때는 대학가 맛집에 가서 저렴한 와인이라도 한잔하며 분위기를 잡고 싶고, 생일날에는 몇만 원짜리 귀고리라도 사주고 싶지만 머뭇거리게 된다"고 했다. 그가 지금껏 주로 연상의 여자 친구를 만난 것도 이런 현실적인 이유 때문이다. 그는 "사회생활 하는 누나들은 내 주머니 사정을 헤아려 밥값을 자주 내고 배려한다"고 했다.

또 다른 '스튜던트 푸어'인 J(22세) 씨도 2년째 연애를 못하고 있다. 정확히 말하자면 연애를 반쯤 포기한 상태다. 180센티미터가 넘는 큰 키에 뚜렷한 이목구비, 서글서글한 성격까지 '경쟁력 있는' 외모의 소유자이기에 "소개팅해주겠다"는 친구는 많다. 하지만 J 씨는 번번이 거절한다. 그는 "밥값을 내야 하는 상황이 부담돼 주선해준다고 해도 피한다"고 했다. 지난해 초, 군에서 전역한 그는 복학을 미룬 채 헬스장에서 일하는 등 온갖 아르바이트를 하고 있다. 어머니가 빚보증을 잘 못 서 수천만 원대 부채가 쌓인 탓에 스스로 등록금을 벌어야 하기 때 문이다. 신경아 한림대학교 사회학 교수는 "요즘 청년의 연애 문화인 '썸 타기'는 남성 청년층의 빈곤한 경제력과 관련 있다"면서 "연애를 시 작하면 남자가 돈 내는 상황이 많아지는데 금전적 여력이 안 되니까 '사귀자'고 말하지 못하는 것"이라고 했다.

불굴의 노력으로 좋은 이력을 갖춘 극빈층 자녀 중에는 사회적 시선 과 자신감 부족 탓에 결혼을 미루는 사례도 있다. 중학교 교사인 M(31 세) 씨는 같은 학교에서 만난 네 살 연상의 여교사와 1년간 교제하다가 여자 친구로부터 '결혼하자'는 프러포즈를 받았다. 그녀의 아버지는 서 울·경기권에 100억 원대 건물을 가진 '땅부자'다. 그녀의 부모는 애초 M 씨의 집안이 성에 차지 않았지만, M 씨가 서울의 명문 사립대를 나 와 안정적인 직장을 갖고 있는 데다 딸의 혼기도 꽉 찬 까닭에 결혼을 승낙했다. 그런데 오히려 머뭇거리고 있는 쪽은 M 씨다. 부모가 1억 원 넘는 빚을 지고 있는데 아파트 경비원으로 일하는 아버지가 이 돈을 모두 갚기 어려워 M 씨가 월급 일부를 떼어 함께 갚고 있기 때문이다. M 씨의 친구 중에는 "여자 친구가 집안도 좋고 마음도 맞는데 결혼을 미룰 이유가 뭐가 있느냐"고 채근하는 이도 있지만 또 다른 친구들은 "결혼은 형편이 비슷한 사람끼리 해야 잘 산다"고 막는다.

성인이 되기 전에 준비 없이 덜컥 가정을 꾸릴 경우 결혼 생활이 그 만큼 위태로울 수 있다. 서울에 사는 싱글맘 G(44세) 씨는 고교 졸업 직후 남자 친구와의 사이에서 아들을 낳고 결혼했다. 그 뒤 딸을 한 명 더 출산했지만 행복은 오래가지 않았다. 어려운 살림 탓에 잦은 부부 싸움을 벌이다 12년 전 끝내 이혼했다. 막내딸만 데리고 집을 나온 G 씨는 이후 다른 남성과 교제하던 중, 아들을 가져 출산했다. 하지만 이 남성과는 결혼하지 않고 헤어졌다. G 씨는 "기초생활수급자라 아이 둘을 키우는 게 부담스러웠지만 아이를 지우면 살인이라는 생각에 낳았다"면서 "막내아들의 아버지는 출산 사실조차 모른다"고 했다. 아이의 아버지도 궁핍하기에 말해봤자 도움을 받을 수 없을 것 같아 아예 알리지 않았다는 것이다. 서울 금천구의 가정지원센터 관계자는 "극빈층 부부는 부부 관계가 틀어져도 당장 생계유지를 위해 상담할 시간이 없어 갈등이 깊어지고 결국 헤어지는 사례가 많다"고 했다.

극빈층 중에서도 장애인 등 사회적 소수자에게는 결혼 생활이 더 큰 도전이다. 인천에 사는 뇌병변 장애인 H(35세) 씨는 5년 전 친구의 소개로 대학생이던 남편을 만났다. 교제 4개월 만에 아기가 생겼고 이듬해 출산과 함께 한 교회에서 결혼식을 올렸다. 하지만 남편은 결혼 뒤 분노조절장애 증세를 드러내며 가정폭력을 일삼았다. 몸이 불편한 H 씨는 가만히 맞고 있는 것 외에는 반항할 도리가 없었다. H 씨는 지난해 끝내 이혼했다. 하지만 남편의 그림자는 여전히 드리워져 있다. 남편이 사채 2000만 원을 부부 공동 명의로 빌려 썼던 탓에 H 씨는 기초생활수급비에서 돈을 떼어 조금씩 빚을 갚고 있다.

상위 1%의 결혼 富

아파트, 외제 차, 상가
결혼이 선물
개천의 용은 결사반대

부산에 사는 주부 A(33세) 씨는 결혼 2년여 만에 시아버지로부터 '열
쇠'를 총 세 개 받았다. 첫 열쇠는 '속도위반'으로 아이가 생겨 결혼하면
서 받은 40평대 아파트 키였다. 해변 쪽으로 전망이 탁 트인 해운대의
고층 아파트인데 매매가가 6억 원 가까이 했다. 시아버지는 경상남도
지역 곳곳의 목 좋은 터에 건물·아파트 20여 채를 가진 수백억 원대
자산가여서 며느리 이름으로 아파트 한 채 해주는 건 어려운 일이 아니
었다. 시아버지의 재력 덕에 부산 시내 특급 호텔에서 1000명 가까운
하객이 모인 가운데 성대한 결혼식도 올렸다. A 씨가 만삭이 되자 시아
버지는 두 번째 키를 건넸다. 독일제인 7000만 원짜리 고급 승용차를
선물한 것이다. 안전을 걱정해 운전기사까지 붙여줬다. A 씨는 2013년
초 건강한 딸을 낳았고 지난해에는 둘째인 아들도 순산했다. 2년 사이
손주를 둘이나 본 시아버지는 기특한 며느리에게 세 번째 열쇠를 안겼

다. 부산의 100평대 상가 점포의 열쇠였다. 사실 남편이 아버지를 도와 건물 임대 사업을 하고 있기 때문에 A 씨 가정은 이미 경제적으로 풍요로웠다. 하지만 상가 임대 수익으로 매달 수백만 원의 '용돈'을 벌 수 있게 된 A 씨는 안정감이 더 커졌다. 그녀는 "시댁의 경제력이 워낙 세니 가족계획, 육아 등에서 바라시는 걸 맞춰 드려야 할 일이 많다"면서도 "시아버지가 워낙 잘 챙겨주셔서 불만은 없다"고 했다.

신혼집을 구하고 결혼식장을 알아보고 혼수와 예물을 준비하는 예비 신혼부부라면 집안 형편에 따라 각자 다른 출발선상에 서 있음을 느끼게 된다. 부모의 재력이 자녀의 결혼을 규정한다는 이야기다. 요즘에는 젊은 층 사이에서 직업적 성취 등을 위해 결혼을 미루는 '만혼 현상'이 뚜렷하다 보니 보다 못한 부유층 부모들이 며느리나 사윗감을 직접 찾아 나서기도 한다.

서울 강남에서 꽤 큰 규모의 내과 의원을 운영 중인 Y(65세) 씨는 온갖 모임에 나갈 때마다 종이 한 장을 챙긴다. 큰딸(36세)의 프로필이다. 대기업에 다니는 딸은 "커리어우먼(전문적 능력을 갖춘 직장 여성)으로 성공하고 싶다"며 연애조차 마다하고 있어 아버지 Y 씨가 직접 나선 것이다. 동료 의사 모임이나 지역 상공인 모임, 대학 동기 모임 등에 나갈 때면 지인들에게 딸의 프로필을 건넨 뒤 원하는 사위상(像)을 간단히 설명한다. 이미 결혼 정보 업체 대여섯 곳에도 가입해뒀다. Y 씨는 "딸이 똑똑하고 직장이 있는 데다 외모도 떨어지지 않는데 왜 결혼하지 않는지 모르겠다"면서 "내 주변에 우리 집과 경제적 수준이 비슷한 사람이 많으니까 사윗감을 직접 찾기로 한 것"이라고 했다. 결혼 정보 회사 '선우'의 이웅진 대표는 "부유층 자녀 중에는 '골드미스'(높은 학력과 경제력을 갖춘 미혼 여성)가 많은데 어머니보다는 사회생활을 해서 지인이 많은 아버지가 사윗감을 직접 찾아 나서는 경우가 늘고 있다"고 했다.

부유층을 상대하는 시중은행 PB들도 '상위 1%' 부모들 사이에서 중매쟁이 역할을 한다. '중매는 잘하면 술이 석 잔이고 못하면 뺨이 세대'라는 속담처럼 결혼 상대를 소개해주는 건 PB들에게 매우 부담스러운 일이다. 하지만 거절하기 어렵다. 부유층 고객의 자녀는 잠재적 고객이기 때문이다. 고객의 부탁을 받으면 PB들이 모인 사내 온라인 대화방에 공지해 짝을 찾는다. 고객들로부터 중매 요청이 밀려들다 보니 일부 시중은행은 아예 부유층 자녀를 대상으로 한 중매 프로그램을 만들기도 했다. 김희경 신한은행 WM 사업부 커플매니징 팀장은 "일선 프라이빗 뱅킹 센터에서 '고객이 사위·며느리를 구하고 있으니 알아봐달라'는 요청이 오면 원하는 조건에 맞춰 소개해준다"면서 "짝 찾아주는 서비스를 시작한 지 9년쯤 됐는데 매년 네 쌍의 커플 정도가 우리 소개로 결혼했다"고 전했다.

서울신문이 만난 일선 PB 10여 명은 "부유층 부모들이 자녀의 배우자감으로 썩 좋아하지 않는 공통 유형이 있다"고 했다. 대표적인 스타일이 '개천에서 난 용'인 남성과 오랫동안 해외 유학하며 박사 학위를 받은 여성이다. 서울 강남 지역에서 일하는 한 여성 PB는 "부유층 부모들은 소득수준이 낮은 가정에서 열심히 노력해 판검사, 의사가 된 남성을 사위 후보로 크게 선호하지 않는다"며 "차라리 비슷한 환경에서 자란 대기업 샐러리맨이 낫다고 생각한다"고 했다. 집안 형편이 크게 차이 나면 딸이 시댁 때문에 마음고생을 할까 봐 걱정한다는 것이다. 며느릿감으로는 '가방끈'이 너무 길거나 직장에서의 성공에 집중하는 유형에는 부담을 느끼며 교사나 공무원, 금융권이나 대기업 직장인 등 안정적인 일자리를 가진 여성을 선호한다. 결혼 후에는 시부모가 며느리에게 경제적 지원을 약속하며 "회사를 그만두고 아이 키우는 데 집중하라"고 요구하는 사례도 많다.

1000억 원대 재력가 C 씨는 PB의 소개로 2년 전 며느리를 얻었다. 자신의 사업을 물려받을 30대 중반의 아들은 당시 중산층 집안의 여성과 연애 중이었는데 "집안 수준이 어느 정도 비슷해야 잘 살 수 있다"며 억지로 헤어지게 했다. C 씨가 PB에게 "며느릿감을 구해달라"고 하면서 내건 요구 조건은 단 하나였다. 집 자산 수준이 수백억 원대는 돼야 한다는 것. PB는 백방으로 수소문해 조건에 맞는 여성을 여럿 소개했지만 정작 아들이 마음에 들어 하지 않았다. 며느리를 찾는 데 어려움을 겪던 C 씨는 고심 끝에 조건을 낮췄다. 집안의 순자산이 한국의 상위 '1%' 수준인 40~50억 원 정도만 돼도 괜찮다고 한 것이다. 이후 중매 작업은 일사천리로 진행됐다. PB는 40억 원대 자산가의 딸로 중소기업에 다니는 20대 여성을 소개해줬다. C 씨의 아들은 싹싹하고 미모까지 갖춘 이 여성이 마음에 들었고 결국 결혼식을 올렸다.

배우자감으로 판검사 등 '사±' 자 들어가는 직업의 인기가 예전만 못

결혼 시장만큼 빈부 격차가 극명히 드러나는 곳도 드물다. 상위 1% 부유층은 결혼 예물과 혼수로 수억 원을 들이는 등 돈을 아끼지 않는다.

하다고 하지만 결혼 시장에서는 여전히 경쟁력 있는 직군이다. 30대 중반의 판사 D 씨는 매달 장인으로부터 '용돈'을 받는다. 영남 지역의 땅부자인 장인은 판사 사위가 돈 때문에 주눅 들까 봐 매달 딸 부부를 만날 때마다 수백만 원씩 건넨다. D 씨는 10년 전 결혼 때도 장인으로부터 서울의 아파트 한 채를 선물받았다. 한 전직 법조인(70세)은 "현직 대기업 임원 등을 만나면 '내 딸이 20대 후반인데 서울에 살 집과 혼수 등은 다 마련해뒀으니 젊은 검사를 소개해달라'는 사람이 많다"면서 "판검사 사위가 결혼 때 장인으로부터 아파트 한 채를 받는 건 흔한 일"이라고 말했다.

알맞은 '짝'을 찾은 뒤에는 결혼 준비를 위해 적지 않은 시간과 돈을 투자한다. 당장 예물만 해도 서민들은 상상 못할 가격의 고급 보석이 교환되기도 한다. 서울신문이 서울 강남구 청담동의 고급 예물 판매점을 직접 돌아보니 수억 원대 예물을 쉽게 찾아볼 수 있었다. 기자가 C 명품 보석 브랜드 판매점에서 "중견 기업 회장 비서실에 근무하는 비서인데 회장님 장남의 예물을 보러 왔다"고 말하자 점원은 고가의 보석을 여러 개 꺼내놨다. "다이아몬드 세트로 하려면 최소 3억 원은 생각해야 한다"는 설명이 이어졌다. 이곳에서 구할 수 있는 가장 큰 2.45캐럿짜리 다이아몬드가 박힌 반지의 가격은 3억 7850만 원이었고 조금 작은 2.15캐럿 반지는 3억 1000만 원이었다. 상담원은 "6000만 원 정도야 큰 금액 차이가 아니니 예물이라면 2.45캐럿은 해야 하지 않겠느냐"고 권했다. 그는 "유색 보석 중에 루비가 가장 좋은데 가격에 구애받지 않는다면 이걸 껴보라"며 반지를 슬쩍 건넸다. 가격을 물으니 "18억 원"이라는 답이 돌아왔다. 금액에 놀라 "실제 사는 사람이 있느냐"고 물었더니 "팔리니까 매장에 가져다 놓지 않겠느냐"고 반문했다.

결혼식장 비용도 만만치 않다. 한 결혼정보업체 직원은 "서울의 특 1급 호텔 고급 홀에서 예식하면 하객 1인당 식대가 10~20만 원대인데 최대 1000명까지 온다고 보면 결혼할 때 2억 원은 드는 셈"이라고 했다. 결혼식 비용은 축의금으로 충당할 수 있지만 사회적 지위를 가진 부유층은 축의금을 받지 않기도 해 수억 원대 예식 비용을 직접 치르는 셈이다. 서울 강남의 특 1급 호텔에서 결혼한 대기업 직장인 C(34세) 씨는 "젊은 사람들이 꿈꾸듯 나도 정말 가까운 사람만 불러 소박하게 치르는 '프라이빗 웨딩'을 희망했다"면서 "하지만 아버지가 '결혼식은 너만의 행사가 아닌 가족의 행사이니 특급 호텔에서 해야 한다'고 고집하셨다"고 했다. 부유층 자녀들은 신혼집도 서울 강남구·서초구 등 부촌을 선호한다. 따라서 20평형대 아파트를 산다고 해도 10억 원 안팎의 돈이 든다.

10장

미용 관리

절대 빈곤층의 미용 관리

7000원 아끼려 짧게 커트

화장품 없다

주름만 있을 뿐

상위 1%의 미용 관리

2000만 원

그들만의 회원권

늙지 않는 피부가 부의 상징

7000원 아끼려 짧게 커트
화장품 없다
주름만 있을 뿐

"화장품이요? 저는 소주로 만든 스킨 쓰는 게 전부예요."

서울 서대문구에 사는 40대 간호조무사 S 씨의 유일한 화장품은 '소주 스킨'이다. 직장에 다니고 있지만 간단한 색조 화장은커녕 로션도 바르지 않는다. 소주와 레몬 조각, 글리세린을 섞어서 가제로 덮고 냉장고에 2~3개월 정도 숙성시켜서 쓴다. 인터넷에서는 천연 화장품 비법으로 알려져 있지만 S 씨가 '소주 스킨'을 만들어 쓰는 것은 순전히 돈 때문이다. 글리세린은 병원에서 일하는 지인에게 얻어 쓰고 1200원 하는 소주 값과 레몬 값까지 하면 2000원이 채 되지 않기 때문이다. 아이 넷(고등학생과 초등학생 딸 둘, 중학생과 초등학생 아들 둘)을 키우면서 월 135만 원을 버는 S 씨에게 화장품이란 구매하는 게 아니라 만들어 쓰는 것이다. 그나마 주변에서 얻은 화장품 샘플들은 아이들 몫으로 돌아간다.

절대 빈곤층에게 화장품은 '사치품'일 뿐이다. 먹을 것을 사기도 빠듯하기 때문이다. 기자가 만난 대다수 절대 빈곤층은 아예 화장품을 사지도 바르지도 않는 방법을 택하고 있었다. 경기 부천에 사는 31세 싱글맘 B 씨는 5년 전 아이를 낳은 뒤부터 지금까지 스킨, 로션을 한 번도 발라본 적이 없다. B 씨는 "딸아이는 베이비로션을 발라준다"면서 "나도 베이비로션이라도 같이 쓰면 되지만 아끼려고 안 썼다. 그래서 그런지 요즘에는 처녀 때랑 다르게 주름이 많이 생긴 것 같다"고 말했다.

기초생활수급자인 39세 싱글맘 M 씨도 사정은 마찬가지다. 자녀 세 명(12세 아들, 그리고 2세와 8개월 된 두 딸)을 키우는 M 씨는 과거에는 명동의 화장품 매대에서 화장품을 사기도 했지만 3년 전부터 기초 화장품조차 바르는 것을 포기했다. 어쩌다가 결혼식 등 신경을 쓰고 가야 할 자리가 있을 때 눈썹을 그리고 립스틱을 바르는 정도다. "꾸미고 싶다는 생각이 들지 않느냐"는 기자의 질문에 M 씨는 "왜 없겠어요. 여자는 나이가 적건 많건 꾸미고 싶은 마음이 있는 게 당연하죠"라면서 "그런데 아이들을 먼저 생각해야 하니 나 자신한테 쓸 돈이 없다"고 말했다. 그렇게 말하는 M 씨의 얼굴이 화장기 하나 없이 창백해 보였다.

경기 부천에 사는 D(82세) 씨도 20년간 로션 같은 것을 사본 적이 없다. D 씨는 "이제 나이를 먹으니 화장품을 바르겠다는 생각도 하지 않는다"면서 "밖에도 잘 나가지 않는데 바를 필요가 있겠느냐"고 했다.

절대 빈곤층에게 귀한 화장품은 바로 '샘플'이다. 경기도 화성시에 사는 P 씨는 지인들로부터 샘플을 얻어 쓰고 있다. 특히 고급 화장품으로 알려진 ㅅ 브랜드의 샘플을 얻는 날은 '운수대통'이다. 딸 셋(초등학교 6학년, 4학년, 5세)을 키우고 있는 기초수급자 싱글맘 K(33세) 씨는 시장에 있는 화장품 가게에 가서 '샘플 동냥'을 한다. 운이 좋으면 샘플 몇 개를 얻어 쓸 수 있기도 하지만 문전박대를 당하기도 한다. 몇 년 전 동네 복지관 행사에서 색조 화장을 받아본 게 K 씨가 '제대로' 화장이라는 것을 해본 전부다. K 씨는 "화장한 나를 보고 복지관 선생님이 '못 알아보겠다. 너무 예쁘니 매일 화장하라'고 하는 말에 웃고만 있을 수밖에 없었다"고 했다. '화장이야 안 해도 상관없다'고 생각하는 K 씨지만 학부모 총회나 공개수업처럼 아이들 학교행사 때만큼은 초라한 자신이 신경 쓰인다. 그녀는 "다른 엄마들은 다 화장하고 예쁘게 하고 오는데, 우리 아이들이 엄마를 부끄럽게 생각하지는 않을까 마음이 아프다"고 했다.

샘플은 본래 판매가 금지돼 있지만 찾는 사람들이 많다 보니 빈곤층이 밀집해 사는 주변 상가에는 묶음으로 판매하는 곳들이 꽤 있었다. 2015년 1월 22일에 찾은 서울 서대문구 개미마을 인근 시장의 한 화장품 가게에서는 설화수 샘플 두세 개를 2000~3000원에 팔고 있었다. 경기도 광명시장에서 화장품 가게를 운영하는 G 씨는 "샘플 한 개당 100원에 팔라고 하는 사람들이 있어 1000원어치씩 팔기도 한다"고 했다. G 씨는 "화장품 샘플을 달라고 무턱대고 가게에 오는 할머니들도 일주일에 한 명은 있다. 며칠 전에 화장품을 샀는데 샘플을 못 받았다는 식"

이라면서 "그런 분들에게는 그냥 샘플 두어 개를 준다"고 했다.

이곳에서는 판매되는 '정품'도 대부분 5000원을 넘지 않는다. G 씨는 "생활이 어려운 사람들이 그나마 많이 사는 게 4000원짜리 H 바디워시(900밀리리터)와 3000원짜리 B 로션(450밀리리터)"이라면서 "3000원짜리 로션도 바르지 못하는 사람들이 대다수다. 3000원이라는 소리에 놀라서 그냥 돌아가는 사람들이 수두룩하다"고 했다.

절대 빈곤층한테 화장품 중 '사치품'은 핸드크림이라고 한다. 겨울에 막노동 등 험한 일을 많이 하다 보니 손이 트는 경우가 많지만 꼭 필요한 화장품은 아니라는 인식에서 핸드크림을 구입하는 것 자체가 사치로 여겨진다는 이야기다. 1000원짜리 D 핸드크림을 종종 사가는 사람들이 있다고 한다.

서울 용산구 만리시장에서 화장품 가게를 운영하는 H 씨는 "여기서는 중간 가격대의 브랜드 화장품도 사가는 사람들이 많지 않다"면서 "저가 브랜드 중 M이나 C는 그래도 1만 원 남짓이면 살 수 있으니 사가는 사람들이 좀 있다"고 말했다.

경기 광명에 사는 기초생활수급권자 I 씨는 1년에 1만 원 내외의 제품 두 개 정도를 구매한다. 여름철에는 바르지 않고 겨울에만 조금씩 아껴서 바른다. 서울 서대문구에 있는 달동네 개미마을에 사는 50대 J 씨는 "아는 사람들 중 S 제품을 쓰는 사람들이 있다. 기초 제품만 해도 20만 원이라는 소리를 듣고 깜짝 놀랐다"면서 "화장품 하나 사면 한 석 달밖에 쓰지 못할 텐데 어떻게 그렇게 큰돈을 쓰나라는 생각이 들었다"

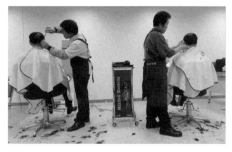

경기 광명시 하안종합사회복지관에서 자원봉사 미용사들이 주민의 머리를 무료로 깎아주고 있다.

고 했다. J 씨는 손녀와 1만 5000원짜리 베이비로션을 같이 쓴다.

절대 빈곤층이 유일하게 미용에 신경을 쓰는 건 화장품이 아니라 머리다. 화장품은 바르지 않아도 크게 티가 나지 않지만 머리는 겉모습을 크게 좌지우지하기 때문이다. 화장품과 달리 한 번 돈을 들이면 꽤 오랫동안 버틸 수 있다는 이유도 있다. 앞서 소개된 싱글맘 M 씨도 1년에 세 번 정도 머리를 자른다. 경기도 광명에 사는 기초생활수급권자인 K(81세) 씨는 "화장품은 못 발라도 파마는 해야 한다. 두 달에 한 번 정도 한다"면서 "그래도 여기가 물가가 싸니 2만 원이면 파마를 할 수 있다"고 했다.

개미마을에서 미용실을 운영하는 L 씨는 "대개 기본적인 파마만 하고 가기 때문에 2만 원 선을 넘지 않는다"면서 "할머니들은 1년에 한두 번 오시기 때문에 돈을 많이 받을 수 없다. 1000원이라도 올리면 망설이는 분들이 많다"고 했다. 그나마 올해 가격을 1000원씩 올려 커트는 8000원, 학생은 6000원, 염색은 1만 8000원이다. 복지관이나 봉사단체의 지원을 받기도 한다. 개미마을 근처의 한 교회에서는 1년에 두 번씩 무료 봉사로 머리를 잘라준다. 앞서 소개된 P 씨는 일곱 살 딸아이와 열네 살 아이의 머리를 직접 잘라준다고 한다.

남성의 경우 스타일을 따지기보다 머리를 짧게 자르는 게 '답'이다. 서울 중구 중림동 쪽방촌 주변 미용실을 이용하는 30~40대 남자들은 짧은 머리 스타일을 선호한다고 한다. 짧을수록 깔끔하고 머리를 더 자주 자르지 않아도 되기 때문이다. 쪽방촌 근처의 한 미용실은 커트만 하면 7000원, 머리까지 감으면 1만 원인데 열이면 열 모두 머리만 자르고 감지 않은 채 간다고 한다.

서울의 한 사립대에 재학 중인 M(26세) 씨도 되도록이면 머리를 짧게 자른다. 집안 사정이 괜찮았을 때는 3주에 한 번씩 미용실에 갈 정도로 헤어스타일에 공을 들였지만, 대학 1학년 때 아버지의 사업 실패로 절대 빈곤층으로 추락한 이후에는 두 달에 한 번꼴로 주기가 길어졌다. '멋'에 대한 욕구가 없는 것은 아니다. 최근에는 남자 연예인들이 많이 선보이면서 유행하고 있는 헤어스타일인 포마드 머리(2 대 8 가르마를 연출해 머리를 빗어 넘기는 형태)를 시도해보려다 마음을 접었다. 커트만 해도 일반 커트 가격의 세 배일 뿐만 아니라 스타일 연출을 위해 필요한 전용 기름이 3밀리리터에 4만 원 정도 했기 때문이다. 요즘 젊은 남성들이 많이 하는 파마도 꿈꾸지 못한다. 6000원짜리 왁스로 반년을 버틴다. M 씨는 "향수와 스킨, 로션에 수십만 원씩 쓰고 외모에도 투자를 많이 하는 친구를 보면 놀라기도 한다"면서 "화장품은 아껴 써도 두 달 정도밖에 못 쓰니 그렇게 큰돈을 지불하는 것을 상상할 수 없다"고 했다. 여자를 만날 때도 자신감이 떨어질 수밖에 없다. M 씨는 "어떻게 꾸미냐에 따라서 외모도 큰 차이가 나겠지만 중요한 건 자신 감이 없다는 것"이라면서 "내 스스로가 이성 앞에서 위축되다 보니 만 날 때도 소극적일 수밖에 없다"고 털어놨다.

2000만 원
그들만의 회원권
늙지 않는 피부가 부의 상징

"죄송합니다. 일간지에 저희 스파spa가 보도되면 고객들이 오해하실 수도 있어서 취재에 응하지 못할 것 같습니다."

2015년 1월 20일 국내 최고급 스파라고 알려진 S 사에 취재를 요청하자 돌아온 답변이었다. '오해'라는 표현을 썼지만 뉘앙스는 '누구나 사서 읽어볼 수 있는 일간지에 아무나 즐길 수 없는 우리 스파가 소개된다면 브랜드 이미지에 도움이 되지 않기 때문에 취재에 응할 수 없다'는 뜻으로 읽혔다. 수입 명품 화장품이라고 알려진 S 브랜드가 운영하는 이 업체의 연간 회원권은 2000만 원. 6개월 회원권은 1000만 원이다. 철저한 회원제로 운영되며 1회 이용은 불가능하다. S 사는 실제로 여성지나 경제지에 '럭셔리 스파'로 가끔씩 보도됐을 뿐 다른 화장품 브랜드들과 비교해 알려진 정보가 많지 않았다. 100% 회원제이고 회원권을 구매할 경제력을 갖춘 이들은 소수이기 때문에 굳이 대중을

국내 한 특급 호텔에 있는 고급 스파의 내부 모습.

상대로 한 마케팅이 필요 없기 때문이다. 명품 업체가 '알 만한 사람'만 알도록 '로고가 없는 디자인'을 선호하는 것과 같은 맥락이기도 하다.

기자가 이번에는 고객을 가장해 S 스파에 전화를 걸어 상담을 위한 방문이 가능한지 물었다. 상담원은 전화통화에서 "회원 중에는 유명 연예인과 얼굴이 알려진 정·재계 인사가 많기 때문에 조금이라도 시간이 겹치면 부담스러워할 고객 분들이 있다"면서 예약 방문을 권했다. 또 "회원인 지인분과 상담을 함께 오시는 것이 좋다"고 말했다. 고객의 프라이버시를 위해 이미 '검증'된 회원의 추천을 받도록 권유하고 있는 듯했다. 서울의 H 호텔과 K 호텔 등에 입점해 있는 이 업체는 국내 1인 케어 룸과 샤워 시설은 물론, 호텔 전용 출입구(서울 H 호텔)나 전용 엘리베이터(부산 S 백화점)를 따로 마련해놓았을 정도다.

프라이버시 관리에 공을 들이는 것은 '나만을 위한 서비스'라는 느낌을 주기 위한 목적도 크다. 서울 강남구 신사동에 사는 40대 P 씨는 매일 오후 4시면 도산공원 인근에 있는 A 브랜드가 운영하는 고급 스파에 간다. A 스파는 보통 P 씨가 예약한 시간 30분 전부터 5시 30분까지 두 시간 동안 오직 P 씨만을 위한 서비스를 제공하기 위해 어떠한 예약도 받지 않는다. A 브랜드의 스파 연간 회원권은 2090만 원이다. 1회에 55만 원에 달하는 전신 마사지(3시간) 45회와 1회 15만 원짜리 기본 마사지(1시간 20분)를 무제한으로 제공한다. P 씨는 VIP룸에서 단독으로 두 명의 관리사에게 제품 하나당 40~50만 원에 달하는 프리미엄 크림 등으로 머리부터 발끝까지 마사지를 받는다.

미용 업계 관계자들은 어떤 사람의 부富를 가늠해볼 수 있는 기준이 몸에 걸친 명품이 아니라 '피부'라고 말한다. 피부는 오랫동안 꾸준한 관리가 필요하기 때문이다. 피부는 옷이나 구두, 가방처럼 당장 들고 다니면서 누구한테 과시할 수 있는 성격의 것이 아니기 때문에 정말로 부유하지 않다면 피부에 그만큼 많은 돈을 투자하기 힘들다는 주장이다. 미용 업계 관계자는 "35세가 넘으면 가꾸는 사람과 안 가꾸는 사람은 딱 티가 난다"면서 "가꾸지 않으면 태생만으로는 미모를 유지하기 어렵다"고 했다. 일주일에 한 번 정도 마사지숍을 찾아 관리를 받는다는 B(30세) 씨는 "관리를 오랫동안 받아온 지인이 친구를 데리고 왔다가 우연히 함께 보게 됐는데 둘이 동갑인지 믿을 수가 없더라"면서 "관리의 필요성을 절실하게 깨달았다"고 했다.

부유층 피부 관리의 특징은 자주 시술을 받는 불편을 감수해서라도 자연스럽게 예뻐지는 것을 원한다는 것이다. 강남의 한 유명 피부과 원장은 "일반 고객들은 박피같이 2~3일 동안 얼굴이 빨개져도 효과가 확언히 나는 시술을 선호하는 반면 부유층은 그렇지 않다"면서 "당장 큰 효과를 기대하기보다는 집에서 비타민을 챙겨 먹듯 관리를 한다는 생각이 크다"고 했다.

특히 피부 노화를 막는 치료에 신경을 많이 쓴다고 한다. 이 원장은 "상위 1%를 위한 특별한 시술이 있다기보다는 일반 고객들보다 고가의 레이저로 비용에 구애받지 않고 꾸준히 하는 것"이라고 했다. 주름 관리를 위해 피부과에서 하는 레이저 중 최고가로 알려진 울세라 레이저(300~400만 원대)를 비롯해 서마지나 타이탄 등을 3~4개월에 한 번씩 하거나 피부에 부담이 안 되는 범위 내에서 여러 가지 레이저 시술을 자주 받는다는 설명이다. 보톡스도 예전에는 농도를 짙게 해서 한 번에 주름을 없애는 것을 선호했다면, 현재는 자주 하더라도 농도를 낮게한 시술을 원한다고 한다. 이 원장은 "울세라 레이저 등은 당장 효과가 뚜렷하게 드러나지 않아 자금 여력이 넉넉하지 않은 고객이 시술을 받으면 '값은 비싼데 왜 효과가 없냐'고 불만스러워하지만 부유층은 최대한 티가 나지 않으면서 예뻐지기를 바란다"고 했다.

강남구 청담동에 사는 50대 여성 C 씨도 일주일에 한 번 피부과를 찾아 화이트닝과 모공 관리 시술을 받는다. 울세라 레이저를 비롯해 서마지나 타이탄 등의 고가 레이저 시술도 5개월에 한 번씩 한다. C 씨는 "오히려 당장은 효과가 없어 보이는 게 목표"라면서 "보톡스나 필러를 잘못해서 얼굴에서 확 티가 나는 시술을 하면 수군거리는 사람이 많기 때문"이라고 했다. C 씨의 목표는 나이보다 크게 어려 보이는 게 아니라 제 나이처럼 보이지만 "곱게, 우아하게, 잘 늙었다"는 소리를 듣는 것이다.

100억 원대 재산가로 청담동 빌라에 거주하는 D 씨는 "신의 손으로 소문난 T 피부과가 보톡스를 아주 티 안 나게 넣어주는 시술로 유명하다"면서 "티가 나게 성형을 받으면 다들 수군거리니 시술을 통해 관리하는 것"이라고 했다. T 피부과의 보톡스 시술은 네 차례에 120만 원으로 현금만 받는다고 했다. D 씨는 피부과에 연 240만 원을 쓰는 것을 포함해 마사지까지 연 1000만 원 이상을 피부에 쏟아붓는다.

피부과 전문의들의 말을 종합해보면 2011년 서울특별시장 보궐선거에서 논란이 됐던 연회비 1억 원대 피부 클리닉은 현재 없다고 한다. 강남의 다른 피부과 원장은 "내가 아는 피부과 의사 중에서 1억 원대 피부과와 같은 케이스는 보지 못했다"면서 "요즘에는 부유층이라고 하더라도 건수별로 지불한다고 보면 된다"고 했다.

그보다는 못하지만 연 1000만 원대의 회원권은 존재했다. 강남구 청담동에 있는 한 피부과 관계자는 "1000만 원짜리 회원권을 끊으면 보톡스나 필러 등을 좀 더 저렴하게 받을 수 있어 이용하시는 고객들이 있다"고 했다. 이 피부과에서는 피부뿐만 아니라 몸매 관리를 위한 퍼스널 트레이닝PT도 받을 수 있다. 독립된 공간에서 전문가에게 1 대 1로 운동 관리를 받는 것이다. 회원권이 아니더라도 고가의 레이저 시술을 서너 번 받으면 1000만 원을 훌쩍 넘어선다.

현재 대중화는 많이 됐지만 일명 연어주사, 피주사(혈소판 풍부 혈장이식술, PRP) 등의 시술도 있다. 1회에 40만 원대인 연어주사는 연어에서 추출한 성분으로 만든 주사 타입의 상처 치료제로 피부 재생에 효과가 있다고 알려져 있다. 피주사는 10만 원대로 자신의 혈액에서 추출한 혈소판을 다시 집어넣는 시술이다. 보통 피부과에서는 이 같은 시술을 여러 번 맞아야 효과가 있다고 강조하고 다른 레이저 시술도 함께 권하는 경우가 많아 총비용이 수백만 원을 훌쩍 넘는 경우가 많다.

상위 1% 부유층은 성형외과의 자연스러운 시술 능력과 비밀 보장을 중요하게 생각한다. 자가 지방을 이용한 줄기세포 가슴 성형은 1000만 원대로 일반 보형물 가슴 수술보다 가격은 두 배 정도 비싸지만 부작용이 적고 자연스러워 많이들 선호한다고 한다.

청담동에는 간판 없이 운영되는 여성 성형 전문 레이저 센터도 있다. 주로 출산 후 관리를 위한 여성 성형만 전문으로 하는 곳이 많다고 전해졌다. 민감한 수술인 만큼 수술과 회복 기간 중에 외부인과 절대 마주치지 않도록 프라이버시 관리를 철저히 하고 있다고 한다.

부유층은 화장품에 쓰는 비용도 만만치 않다. 앞서 소개한 S 브랜드는 스킨 한 병에 20~30만 원 선이다. 250만 원짜리 마스크팩도 있다. L 브랜드의 안티에이징 제품(50밀리리터)은 146만 1000원이다. 이 정도면 화장품 한 방울이 금값이라고 할 만하다. 강남구 명품 편집 매장인 B 숍에서 판매하는 유기농 원재료 제품을 찾는 사람도 있다고 한다.

화장품 회사들도 VIP 고객들을 철저하게 관리한다. G 브랜드 관계자는 "VVIP를 선정하는 기준은 내부 자료라서 공개할 수 없다"면서

"신제품이 나오면 호텔에서 따로 신제품 체험 행사를 열거나 마사지 서비스 등을 제공하고 있다"고 했다. G 사는 지난해 VIP 30여 명을 초대해 문화 이벤트로 프랑스 와인이나 치즈에 대한 강연을 여는 행사를 열었다. G 브랜드 관계자는 "상업적으로 제품을 팔기 위한 목적이 아니라 간접적으로 브랜드에 대한 이해도와 호감도를 높이기 위한 목적이라고 보면 된다"고 했다. L 사도 자사 브랜드를 구매하는 VIP만을 위해 별도의 마사지숍을 운영하고 있다.

11장

두 국민의 시선

절대 빈곤층이 보는 상위 1%

빌딩, 보석 안 부럽다

평범한 일상이 부러울 뿐

상위 1%가 보는 절대 빈곤층

쥐구멍 밖, 볕을 찾아 나서라

아직, 기회는 있다

빌딩, 보석 안 부럽다
평범한 일상이 부러울 뿐

　경기도 화성시에 사는 빈곤층 M(45세·여) 씨는 한 달에 두 번 정도 가는 마트의 계산대 앞에만 서면 주눅이 든다. 카트에 온갖 물건과 먹거리를 가득 담아 쇼핑하는 다른 사람들과 달리, M 씨의 카트는 각종 떨이 상품 위주로 단출하기 때문이다. 한창 클 때라 무섭게 먹는 큰아들(15세)과 둘째 아들(8세)을 생각하면 먹는 것만큼은 남들처럼 사고 싶은 마음이 굴뚝같다. 하지만 새벽 우유 배달로 버는 40만 원에 떨어져 사는 남편이 겨우 보내주는 30여만 원 등, 한 달 수입이 80만 원에 불과한 지갑 사정을 생각하면 물건을 집었다가도 내려놓기 일쑤다.

　M 씨의 가장 큰 '꿈'은 아이들의 건강도, 함께 모시고 사는 노모의 장수도 아니다. 남편의 사업 실패로 떠안게 된 빚 1억 5000만 원을 갚는 것이다. 그렇게 되면 빚쟁이들의 등쌀에 못 이겨 지방 공사판을 전전하는 남편과 함께 살 수 있는 것은 물론, 먹는 것만이라도 아이들에게

부족함 없이 차려줄 수 있다고 생각하기 때문이다. 그에게 부富는 평범한 삶 그 이상도 이하도 아니다. M 씨는 "요즘은 '없어서 못 먹는 사람들은 없다'고들 하지만 진짜 가난을 경험하지 못해서 하는 말"이라면서 "TV에서 흔히 보는 부자가 되기는커녕 '내일은 (애들에게) 뭘 먹여야 하나'라는 고민에서 벗어날 수만 있다면 소원이 없을 것"이라고 말하며 한숨을 내쉬었다.

취재 과정에서 만난 대다수 빈곤층은 부유층이나 부 자체에 큰 관심이 없었다. '절대적 빈곤'이라는 스스로의 굴레가 워낙 압도적이다 보니 다른 이들을 신경 쓸 겨를 자체가 없기 때문으로 보였다. 부자나 부에 대한 '적개심'도 거의 보이지 않았다.

가난으로부터의 탈출을 포기한 채 체념 상태에 빠져 있는 빈곤층도 노년층을 중심으로 종종 발견됐다. 경기 부천에 사는 빈곤층 L(65세·여) 씨의 15평 남짓한 집 한구석에는 온갖 종류의 책들이 1미터 정도 높이로 쌓여 있다. 대부분 찢기거나 표지가 해어진 헌책들이다. L 씨가 길거리를 지나다가 버려진 책들을 주워온 것이다. 폐지로 팔기 위해서가 아니라 읽기 위해서다. 내용은 큰 상관이 없다. 책이라도 읽어야 절대적인 빈곤 상태에서 좌절하지 않을 수 있다고 믿기 때문이다.

L 씨는 "부자들을 생각할 겨를이 없을뿐더러 부자가 되고 싶다는 생각도 하지 않는다"면서 "누구나 타고난 자기 복이 있으니 아무나 부자가 될 수 있는 건 아닌 것 같다"고 했다. 한눈팔지 않고 열심히 살아왔지만 결국 그가 빈곤층의 나락에 떨어진 것은 '팔자소관'이라는 말도

딧붙였다. L 씨는 "만일 1억 원이 생겨 부자가 된다면 전세라도 멀쩡한 집에서 살고, 남는 돈은 지금 키우고 있는 손주들에게 배불리 고기를 먹이는 것"이라면서 "더 많은 돈이 생기는 것에 대해서는 생각해본 적이 없다"고 했다.

인근에 거주하는 빈곤층 독거노인 C(77세) 씨는 젊은 시절에는 서울에 좁게나마 자기 집을 가지고 있었지만 20여 년 전 사별한 남편의 병치레 등으로 다 날렸다. 배움이 짧은 두 아들도 사정이 어렵다. C 씨는 "TV 드라마에 나오는 부유층들이 좋은 데서 밥을 먹고 좋은 옷을 입고 사는 걸 보면 '나는 뭐하고 사느라 자식들 건사는 고사하고 내 입 하나 챙기지 못할까' 싶다"면서 "이런 형편이 계속되다 보니 '죽어야 여기(가난)서 벗어날 수 있겠구나'라는 생각도 든다"고 했다.

젊은 빈곤층일수록 가난과 부에 대한 고민이 깊다. 노년층의 경우 오랜 시간 궁핍한 생활에 익숙하다 보니 가난을 변하지 않는 환경으로 받아들이지만 젊은 층은 어떤 식으로든 변화를 꿈꾸기 때문이다. 사회활동이 왕성하다 보니 부유한 이들을 접할 기회가 많다는 점도 영향을 미치는 것으로 보인다.

스튜던트 푸어 대학생 H(22세) 씨는 "돈은 사람을 걱정 없이 편안하게 해줘서 좋지만 가난은 자신감을 떨어뜨린다"고 단언했다. 그에게 가난은 일상뿐 아니라 인간관계조차 규정짓는 '절대적 배경'이다. 언제부터인가 H 씨는 고교 친구들과 거리를 두기 시작했다. 모임에 나가면 자연스럽게 쇼핑이나 연애사 등이 화제로 떠오르지만 그는 할 수 있는 말이 거의 없다. 모두 '돈'이 필요한 일들이기 때문이다. H 씨는 "나중에 한 달에 200만 원 정도만이라도 벌 수 있는 직업을 갖는다면 걱정 없이 편안하게 살 수 있을 것 같다"면서 "부자는 열심히 살았거나 부모를 잘 만난 두 부류로 나눌 수 있겠지만 다른 무엇보다 학비 걱정 없이 살 수 있다는 게 가장 부럽다"고 했다.

또 다른 스튜던트 푸어인 C(28세) 씨는 고교 전까지 부유층이었다가 아버지의 사업 실패로 절대 빈곤층이 되었다. 고교 때까지만 해도 그는 부친에게서 "돈에 구애받지 말아야 한다"고 배웠다. 그러나 가난이 엄습하자 이 말이 '사치'였다는 걸 금세 깨달았다. 스스로 먹고 입고 자고 할 기본적인 소득이 없으니 간단한 일에도 돈에 구애받게 됐다. 그가 생각하는 가난은 '폭력'이다. 빈궁은 가난한 이가 아무것도 하지 못하게 만든다. C 씨는 "'너는 돈이 없으니까 큰 꿈을 꾸면 안 돼', '돈도 없는데 무슨 공부를 더 하려고' 같은 생각이 고개를 쳐들곤 한다"면서 "뒤집어 말해, 부는 뭐든지 할 수 있다는 자신감일 것"이라고 했다.

부모의 가난은 많은 경우 자식에게 대물림된다. 빈곤층이 특히 우려하는 것은 이 대목이다. 빈곤층 싱글맘 L(40세) 씨는 얼마 전 집 근처 공원에서 동네의 다른 아주머니와 큰 싸움을 벌일 뻔했다. L 씨의 여섯 살짜리 아들이 다른 아이가 던진 장난감에 맞아 이마를 다쳤는데, 그만 이마가 파여 지름 2센티미터 정도의 동그란 상처가 났다. L 씨는 "아들을 때린 아이에게 뭐라고 하자 그 아이 엄마가 '애들 싸움에 왜 어른이 나서냐'고 되레 큰소리를 치더라"면서 "유명 상표 옷을 입고 영어 유치원에 다니는 그 아이에게 무시당하는 우리 아이가 나중에 나처럼 초라하게 살 수도 있다는 생각이 들자 억장이 무너졌다"고 했다.

빈곤층이 부를 동경의 대상으로만 바라보는 건 아니다. 가난이 아닌 부가 행복의 전제가 되는 사실은 부인할 수 없지만 '전부'는 아니기 때문이다. 서울 장안평에 사는 지체장애인 빈곤층 G(44세·여) 씨는 어릴 때부터 부모에게서 가장 많이 들었던 말이 "너에게 1억 원을 남겨주고 가야 하는데"라는 것이었다. 그러나 그럴 때마다 G 씨는 "돈은 도둑만 꼬일 뿐 필요 없다"는 식으로 답했다. 돈과 부에 얽매어 사는 건 일종의 '병'이라고 생각하기 때문이다. 자신이 만약 부자가 된다면 기부로 사회에 환원하지 제 욕심만 차리지는 않겠다고 여기는 까닭이다. G 씨는 "사람 인人 자는 두 사람이 서로 기대고 있는 모습이지만, 정작 부자들은 자신만 생각하는 이기적인 생각에 빠져 사는 경우가 많다"면서 "사람의 마음을 좁게 만드는 돈보다 눈에 보이지 않는 걸 더 소중하게 생각해야 한다"고 말했다.

또 다른 빈곤층 싱글맘 P(35세) 씨도 돈만 많다고 부자인 것은 아니라고 생각한다. 그녀는 '건강도 좋을뿐더러 마음가짐이 여유로워야 한다'고 여긴다. 그녀의 일터인 옷가게에서 '진상'인 부유층 손님들을 수도 없이 접한 탓이다. P 씨는 "지금까지 줄곧 없이 살아와서 부자들이 어떤 자부심을 갖게 되는지는 몰라도 그 사람들이 나를 업신여길 때는 분노와 함께 측은한 마음이 든다"면서 "돈이 만일 그 사람들을 그렇게 만든 거라면 그 돈이 그만한 가치를 하지 못한 것"이라고 했다. 이어

"다섯 살 된 딸이 나중에 공부를 잘해서 명문대를 졸업하고 좋은 직장을 얻는다고 하더라도 '마음의 부'를 간직했으면 좋겠다"고 했다. P 씨도 "돈이 없다고 해서 불행하다고 생각하지 않고, 부자라도 욕심에만 가득 차 있으면 누구보다 불행한 사람"이라면서 그런 기준에서 스스로 가난하다고 여기지 않는다"고 했다.

가난이 되레 현실을 더욱 충실하게 살아가도록 하는 동기가 되는 경우도 있다. 서울의 한 유명 사립대에 재학 중인 스튜던트 푸어 I(24세) 씨는 아르바이트로 스스로 등록금과 생활비를 번다. 그러면서도 학업에 충실한 편이라 장학금도 꾸준히 받는다. 그는 "시험 전날에 늦게까지 아르바이트를 하고 밤새 공부해 시험을 본 경우가 많지만 성적은 4.5점 만점에 3.9점을 받았다"면서 "만일 내가 가난하지 않고 여유가 있었다면 현실의 냉혹함을 직시하지 못한 채, 많은 젊은 층과 마찬가지로 하루하루를 허비했을 것"이라고 했다.

쥐구멍 밖, 볕을 찾아 나서라
아직, 기회는 있다

"몇 년 전에 눈여겨보던 학생이 있었다. 리포트에서 성실함이 묻어
나는 데다 성격도 좋아 학생들이나 교수들 사이에서도 인기가 많았다.
그런데 언제부터인가 성적이 계속 떨어지더라. 불러다 물으니 '집안 형
편이 갑자기 안 좋아져서 아르바이트가 너무 많다'고 머뭇거리며 대답
하더라. 이럴 땐 선생으로서 어떤 말을 해야 할지 난감하다."

50억 원대 자산가인 수도권 사립대 교수 A(53세) 씨는 학기 초면 학
생들의 옷차림을 유심히 살핀다. 그러고는 마음속으로 이들 학생의 최
종 학점을 추측해본다. 학기가 끝난 뒤 실제로 학생들이 얻은 학점과
비교하면 60~70%는 얼추 맞아떨어진다. A 씨는 "얼굴에 윤기가 나고
옷차림이 괜찮은 학생들은 대체로 좋은 성적을 받지만 옷차림이 열악
하고 늘 피곤해 보이는 학생들은 성적이 떨어지는 편"이라고 했다.

그는 전형적인 '개천에서 용 난' 경우다. 부모 세대까지는 찢어지게

가난했다. '향토 장학금'은 꿈도 못 꿨다. 주변의 도움과 불법 과외 강사 일로 대학을 겨우 나오고, 직장 생활을 하다 운 좋게 박사까지 공부한 뒤 학교에 자리 잡았다. 처가로부터 상속받은 땅이 크게 올라 상위 1%에 편입할 수 있었다. 그를 여기로 끌어올린 건 9할이 '꿈'이었다. 열심히 공부하고 열심히 살아가면 더 높은 곳으로 올라갈 수 있다는 '믿음'은 그를 배신하지 않았다. 운도 자연스럽게 뒤따랐다.

하지만 요즘 학생들과 세태를 보면 평생 그를 이끌어온 믿음이 조금씩 무너지는 듯하다. 예전과 달리 '부의 여신'이 개인의 노력을 외면하는 경우가 많다고 느끼기 때문이다. A 씨는 "내가 타고 올라간 계층 사다리가 끊어진 요즘에는 '가난을 개인의 책임으로 돌릴 수 있을까'라는 의구심이 갈수록 커진다"면서 "어떤 식으로든 희망을 복원하는 게 우리 세대의 숙제"라고 했다.

상위 1% 부유층의 경우 빈곤을 경험한 자수성가형이든, '은수저'를 물고 태어난 경우든 가난에 대해 부정적인 시각이 많았다. 서울 논현동에 거주하는 국내 대기업 오너의 부인 J(65세) 씨는 사재를 털어 복지 재단을 운영하는 등 빈곤층의 생활 여건 개선에 관심이 많다. J 씨는 가난에 대해 '불편한 것'이라고 단언했다. 가난 때문에 자존감이 떨어지고, 교육 등의 격차로 하려는 일을 하지 못하는 빈곤층을 수없이 접했기 때문이다. J 씨는 "처음에는 빈곤층에 대해 '왜 저렇게 살까'라는 생각을 했지만 이들을 만난 뒤에는 '저렇게 살 수 밖에 없구나'라는 생각이 들었다"고 했다. 청담동에 사는 중소기업 경영자의 부인 C(53세) 씨도 "'부자가 겸손해지기도 어렵지만 빈자가 비굴해지지 않는 게 더 어렵다'고 한다"면서 "빈곤층이 (빈곤의) 악순환에서 벗어나지 못하게 하는 게 가난의 가장 큰 문제"라고 했다.

하지만 부유층은 빈곤을 개인의 책임으로 보는 경향이 강했다. 자수성가형 부자일수록 이런 생각이 확고했다. 곤궁한 현실에 낙담하거나 안주하지 않고 상류층으로 올라간 본인의 경험이 현시점에서도 여전한 '대안'이라는 것이다. 중견 기업 오너 K(68세) 씨는 "사회가 발전하면서 부익부 빈익빈은 더욱 크게 나타날 수밖에 없지만 '세상이 이러니 어쩔 수 없다'고만 말한다면 빈곤 상태에서 절대 벗어날 수 없다"고 단언했다. 이어 "요즘은 과거만큼 '벼락부자'가 나올 확률이 줄었다고 하지만 예나 지금이나 부자가 되기는 어렵긴 마찬가지다"면서 "사회구조만 탓하지 않고 돈을 벌어 성공한 젊은이들을 여전히 종종 발견할 수 있다"고 말했다. 쥐구멍에도 볕 들 날을 기다리는 대신, 스스로의 의지에 따라 구멍 밖으로 나와야 한다는 이야기다.

'빈곤층이 남 탓 하는 데 에너지를 낭비한다'는 시각도 있다. 외국계 기업 지사장인 E(47세) 씨는 "요즘 일부 젊은 층은 이건희 삼성전자 회장의 손주로 태어나지 못한 것 자체를 불평하곤 하지만 이는 우리가 탓할 수 없는 영역"이라면서 "가난한 상황을 탈피하려 하지 않고 부모나 정부, 경제 등만 탓하는 것은 자신의 삶에 대한 책임감 없이 위안거리만 만드는 격"이라고 말했다. 상속 등으로 부를 더 받고 덜 받고는 '숙명'의 영역이지 옳고 그름을 따지기 어렵다는 것이다.

C 씨는 부유층에 대한 사회적인 '편견'에 대해서도 부정적인 입장이 강했다. 그녀는 "제일 듣기 싫어하는 표현이 '강남 여자'라는 말"이라면서 "미술이나 패션, 음악 등 우리 사회의 고급문화를 이끌어가는 게 강남 아줌마라는 현실은 외면하고 대형 마트 계산대에서 일해야 '훌륭한 엄마'라는 오해가 널리 퍼져 있는 것 같다"고 했다.

상위 1%는 자긍심이 강하다. 제조업 분야 중소기업 사장을 부친으로 둔 S(29세) 씨는 "(영국 고급차인) 벤틀리를 타는 사람은 무조건 존경해야 한다"면서 "그 사람이 어떤 일을 했든 그 분야에서 최고가 됐다는 뜻이기 때문"이라고 했다. K 씨도 "부를 어떤 식으로 축적했느냐는 중요한 문제"라면서도 "부는 많으면 많을수록 좋은 것인 만큼 그다음에 어떻게 살지는 부자가 된 다음에 고민해도 늦지 않다"고 했다.

상대적 빈곤과 절대적 빈곤을 구분해야 한다는 의견도 많았다. 서울 압구정동에 사는 중견 병원 원장 부인 G(51세) 씨는 "가난은 개인의 힘으로 의식주를 전혀 해결하지 못하는 경우이고, 이는 사회적으로 구제해야 한다"면서도 "나머지 경우까지 정부와 사회가 책임져야 한다고 주장하는 건 비현실적인 주장"이라고 했다. 이어 "빈곤층은 한 달 수입이 100만 원이라 1만 원짜리 영양 크림밖에 바르지 못했다고 생각하겠지만, 인도 등 후진국에서는 부유층에 해당할 것"이라면서 "처음에는 힘들어도 10년, 20년 계속 노력해 집 한 칸이라도 마련해야 한다. 또 상황을 개선하려는 대신 '나는 가난하다'는 생각에만 빠져 있는 건 문제가 있다"고 했다.

그러니 빈곤층에 대한 '기회의 평등'이 전차 사라지는 데 대해서는 부유층들도 인정했다. F 씨는 "부모님은 내가 음악을 배우고 싶다고 하면 수백만 원짜리 악기를 사줬고, 공부하려는 의지가 있으면 좋은 과외 선생님을 붙여줬다"면서 "하지만 주변 친구 중에서는 부모님이 밤늦게까지 일을 하는 바람에 숙제를 봐줄 사람도 끼니를 챙겨줄 사람도 없어 지금까지도 게임에 파묻혀 사는 경우도 있다"고 했다. 이어 "열심히 노력하지만 가난이라는 굴레를 벗어나지 못하는 경우에는 악순환을 막기 위해 우리 사회가 빈곤층 교육과 보육 문제에 더 많이 지원해야 한다"고 했다.

서울 대치동에 사는 복지 재단 이사장 H(70세) 씨도 "부자가 천국에 가는 게 낙타가 바늘귀 들어가는 것보다 어렵다고 성서에서 가르치는 것은 부자들이 부를 쌓는 과정에서 의도했건 의도치 않았건 다른 이에게 돌아갈 돈을 더 많이 가졌기 때문"이라고 했다. 이어 "강남 아이들이 서울대 등 명문대에 주로 들어가는 건 기회가 이미 불평등하다는 뜻"이라면서 "빈궁한 이들에게 물고기를 잡을 수 있는 방법을 가르쳐 늪에서 벗어날 수 있도록 사회적으로 지원해야 한다"고 했다.

금전 지상주의적 세태에 대한 부정적인 견해도 있다. J 씨는 "지금의 부는 절대자가 내게 맡겨놓은 것이지 나 혼자 소유한 채 호사를 누리라는 건 아니다"라고 말하며 "후세에 (지금 누리는 부에 대해) 그만큼 대가를 치러야 하는 게 아닌가 하는 불편함과 부담 때문에, 할 수 있는 만큼 나누려는 생각도 강하다"고 털어놨다.

H 씨는 "돈을 절대적인 것으로 보다 보니 사랑이나 행복, 믿음 등의 가치가 훼손된 채 부와 가난에 맹목적으로 접근하게 된다"면서 "부가 절대선이 아니듯 가난 역시 절대악이 아니다"라고 했다. 이어 "부자들이 가난한 이들을 업신여겨서는 안 되지만 가난한 이들 역시 부자들을 적대시해서도 안 된다"면서 "금전으로만 사람을 평가하는 것만큼 어리석은 것은 없다"고 했다. H 씨는 "1억 원만 갖고 있더라도 스스로 부자라고 여기면 부자고, 통장에 100억 원이 있어도 부자가 아니라고 생각하면 부자가 아니다"라고 했다.

국내 부자들은 앞으로 '질적 향상'을 보일 것이라는 기대감도 나타냈다. K 씨는 "프랑스에서는 단순히 부의 소유 여부뿐 아니라 제2외국어를 구사하면서 악기 하나 정도는 다룰 줄 아는 동시에 상당한 수준의 문화비와 기부금을 지출하는 것을 부유층의 기준으로 삼는다"면서 "우리 사회도 앞으로 돈만 많은 게 아니라 상당한 수준의 지적·문화 수준에 사회적 책임감까지 갖춘 부유층들이 나타날 것"이라고 했다.

12장

진단 및 해법

당신의 오늘, 대한민국 몇 % 입니까

김호기 연세대 사회학과 교수에게 듣다
김낙년 동국대 경제학부 교수에게 듣다

우리의 내일, 희망 대한민국을 위해

빈부 격차를 설명하는 대표적인 지표는 지니계수다. 0과 1 사이에서 값이 클수록 빈부 격차가 심하다는 뜻이다. 통계청이 집계한 한국의 지니계수는 2013년 가처분소득 기준 0.302였다. 이는 경제협력개발 기구OECD 회원국 평균인 0.314(2010년 기준)보다 나은 수준이다. 그러나 통계청의 지니계수 조사에 상류층 조사가 미흡하다는 지적이 많았다. 김낙년 동국대학교 교수가 이런 단점을 보완해 산출한 신新지니계수로 보면, 한국의 지니계수는 0.37에 달한다(〈그림 1〉). OECD 회원국 중 다섯 번째로 빈부 격차가 심하다는 뜻이다.

시장경제에서 정부는 세제나 복지 정책 등을 통해 빈부 격차를 줄여 나간다. 한국의 시장소득 기준 지니계수와 가처분소득 기준 지니계수의 차이는 2010년에 0.044에 불과했다(〈그림 2〉). OECD 국가 중 가장 낮은 수준이다. 이 차이가 클수록 정부가 격차 해소를 위해 노력을 많이 하고 있다는 뜻이기도 하다. 시장소득은 개인이 순수하게 벌어들이는 소득을, 가처분소득은 정부의 세제 정책 등이 이뤄진 뒤 개인에게 돌아가는 소득을 말한다.

그림 1 세계 '정상권' 불평등 정도: OECD 회원국 지니계수 순위

주: 한국은 2010년 수정 지니계수이며 나머지는 2011년 기준이다.
자료: OECD; 김낙년, 「한국의 소득분배」(한국경제학회 세미나 '한국의 소득 불평등: 원인과 대책' 기조발표
　　문, 2014).

그림 2 1996~2010년의 수정 지니계수 추이

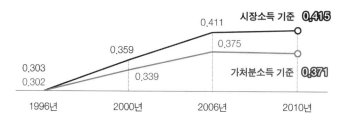

자료: 김낙년, 「한국의 소득분배」(한국경제학회 세미나 '한국의 소득 불평등: 원인과 대책' 기조발표문,
　　2014).

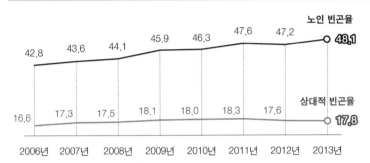

그림 3 2006~2013년의 노인 빈곤율 및 상대적 빈곤율 추이　　　　단위: %

노인 빈곤율
42.8　43.6　44.1　45.9　46.3　47.6　47.2　48.1

상대적 빈곤율
16.6　17.3　17.5　18.1　18.0　18.3　17.6　17.8

2006년　2007년　2008년　2009년　2010년　2011년　2012년　2013년

주: 상대적 빈곤율은 중위 소득 50% 이하의 비중을 말한다.
자료: 통계청 등.

　동시에 한국의 노인 빈곤율은 2012년 47.2%에서 2013년 48.1%로
악화됐다(〈그림 3〉). 재산의 불평등 정도는 소득보다 골이 더 깊을뿐더
러 악화 속도도 더 빠르다. 주택 자산의 지니계수는 2000년 0.57에서
2010년 0.62로 악화됐고, 부동산 자산의 지니계수 역시 같은 기간 0.62
에서 0.70으로 나빠졌다.

　그러다 보니 부유층의 수가 급속히 늘고 있다. 금융자산을 10억 원
이상 가진 부자는 2008년에 8만 4000명이었으며 2009년에 10만 명을
넘어 서더니, 2013년에는 16만 7000명이 되어 5년 만에 두 배 가까이
불었다(〈그림 4〉). 그뿐만 아니라 국민 전체 소득에서 소득 상위 10%가
차지하는 비율은 2010년을 기준으로 48.1%에 달한다(〈그림 5〉). 상위
1%는 13.0%를 보유하고 있다. 이는 유럽과 일본 수준을 이미 뛰어넘
은 것이다.

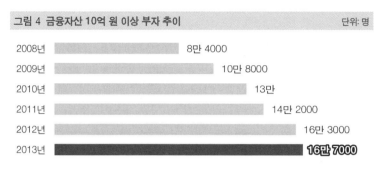

그림 4 금융자산 10억 원 이상 부자 추이　　　　　　단위: 명

2008년	8만 4000
2009년	10만 8000
2010년	13만
2011년	14만 2000
2012년	16만 3000
2013년	**16만 7000**

자료: KB 경영연구소, 「2014 한국 부자 보고서」(2014).

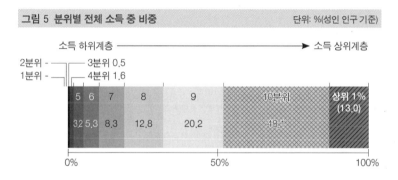

그림 5 분위별 전체 소득 중 비중　　　　　　단위: %(성인 인구 기준)

소득 하위계층 ―――――――――――――――→ 소득 상위계층

2분위 -
1분위 -
　　3분위 0.5
　　4분위 1.6

5	6	7	8	9	10분위	상위 1% (13.0)
3.2	5.3	8.3	12.8	20.2	48.1	

0%　　　　　　　　　　50%　　　　　　　　　100%

자료: 김낙년, 「한국의 개인소득 분포: 소득세 자료에 의한 접근」(2014).

상위 20%인 5분위의 연평균 소득은 1996년 3144만 원에서 2010년 6856만 원으로 두 배 넘게 증가했다(〈그림 6〉). 반면 하위 20%인 1분위는 같은 기간 420만 원에서 492만 원으로 17% 남짓 느는 데 그쳤다. 15년간의 물가 상승률 등을 감안하면 저소득층의 소득은 사실상 줄어든 셈이다. 한국의 1인당 국민소득은 올해 3만 달러를 넘을 게 확실시된

그림 6 근로소득 분위별 연평균 소득 추이

단위: 원

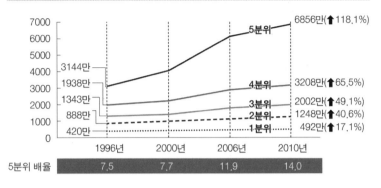

주: ( )는 1996~2010년 증가율을 의미한다.
자료: 김낙년, 「한국의 개인소득 분포: 소득세 자료에 의한 접근」(2014).

다. 그러나 국내 소득자를 일렬로 세웠을 때 중앙에 위치하는 중위 소
득은 국민소득의 3분의 1에 불과한 1074만 원(2010년 기준)에 그쳤다.

국민소득NI 에서 노동소득이 차지하는 비율인 노동소득 분배율도 저
조하다. 일부 자영업자 소득까지 포함한 수정 노동소득 분배율은 외환
위기 직전인 1996년 89.6%에서 2010년 78.7%까지 떨어졌다(〈그림
7〉). 반면 부유층과 기업이 주로 가져가는 수정 자본소득 분배율은 같
은 기간 10.4%에서 21.3%로 상승했다.

이른바 '피케티 비율' 중 하나인 'β 값'은 자본(부)의 가치를 국민소득
으로 나눈 값이다. 부는 부유층이 주로 보유하고 있기 마련인데, 이 때
문에 β 값이 클수록 부가 소수에게 쏠려 있다는 것을 뜻한다. 한국의 β
값은 2000년 5.8에서 2012년 7.5로 세계 최고 수준을 기록했다.

그림 7 노동소득 비중은 급감, 자본소득 비중은 급증　　　단위: %

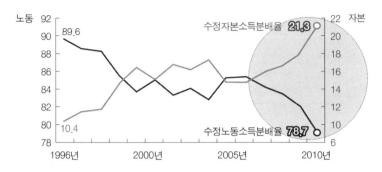

자료: 한국은행 경제연구원, 「한국의 경제성장과 사회지표의 변화」(2012).

그림 8 끊어진 계층 상승 사다리　　　단위: %

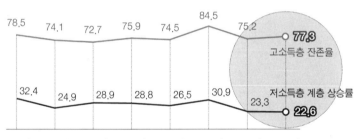

자료: 한국보건사회연구원, 「2014년 한국복지패널 기초분석」(2015).

　그뿐만 아니라 계층 상승의 희망도 희미해지고 있다. 저소득층이 중산층이나 고소득층으로 올라설 확률은 2013년 23.3%에서 2014년 22.6%로 떨어진 반면(〈그림 8〉), 고소득층이 제자리를 지키는 비율은 같은 기간 75.2%에서 77.4%로 상승했다.

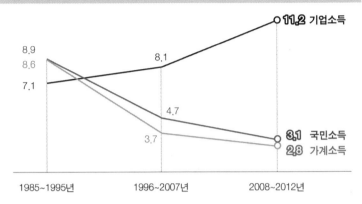

그림 9 국민소득·가계소득·기업소득 증가율   단위: %

○ **11.2** 기업소득

8.9
8.6
8.1
7.1
4.7
3.7
○ **3.1** 국민소득
○ **2.8** 가계소득

1985~1995년   1996~2007년   2008~2012년

자료: 한국은행, 「가계소득 현황 및 시사점」(2013).

'부자 기업, 가난한 가계' 현상 역시 빈부 격차를 부추긴다. 1985년에서 1995년 사이에는 가계소득 증가율(8.6%)이 기업소득 증가율(7.1%)을 앞질렀다(〈그림 9〉). 그러나 2008년에서 2012년 사이에는 가계소득 증가율이 2.8%에 그친 반면, 기업소득 증가율은 11.2%로 치솟았다. 글로벌 금융 위기 이후 기업이 가계보다 네 배 빠르게 소득을 불리고 있다는 뜻이다. 이러다 보니 대기업의 곳간은 빠르게 불고 있다. 삼성, 현대차 등 국내 10대 대기업 집단의 현금성 자산은 2006년 27조 7000억 원에서 지난해 148조 5000억 원으로 5.4배 늘었다(〈그림 10〉). 같은 기간 국내총생산GDP은 966조 원에서 1427조 원으로 47.7% 증가하는 데 그쳤다.

이런 현상에는 이명박 정부의 감세 정책도 한몫했다. 각종 공제 등

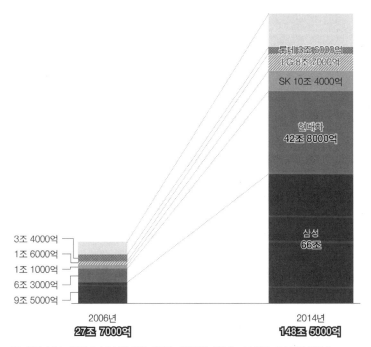

그림 10 10대 대기업 현금성 자산 규모   단위: 원

롯데 3조 6000억
LG 8조 7000억
SK 10조 4000억
현대차 42조 8000억
삼성 66조

3조 4000억
1조 6000억
1조 1000억
6조 3000억
9조 5000억

2006년
27조 7000억

2014년
148조 5000억

자료: 한국거래소, 「현금성자산 보유 현황」(2006); 재벌닷컴, 「10대 그룹 현금 자산 조사」(2014).

을 제외한 법인세 실효세율은 2008년 20.5%에서 2013년 16.0%로 떨어졌다. 최근 5년간 전체 국세 중 법인세 비중은 2.5%포인트 떨어졌다. 일자리 문제도 빈부 격차를 벌리는 요인이다. 2011년 기준, 한국의 임시직 근로자 비율은 23.8%로 스페인(25.3%)에 이어 OECD 국가 중두 번째로 높았다(〈그림 11〉). 근로자의 절반(2014년 8월 기준 45.4%) 정도가 비정규직이다. 지난해 청년 실업률은 사상 최고 수준인 9.0%까지

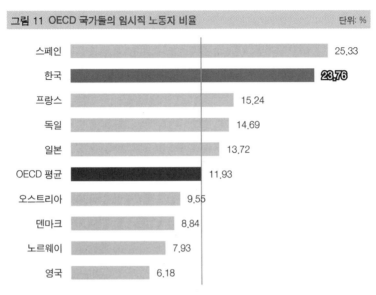

그림 11 OECD 국가들의 임시직 노동자 비율 　단위: %

국가	비율
스페인	25.33
한국	23.76
프랑스	15.24
독일	14.69
일본	13.72
OECD 평균	11.93
오스트리아	9.55
덴마크	8.84
노르웨이	7.93
영국	6.18

자료: OECD 홈페이지(2011).

치솟았다(〈그림 12〉). 청년들이 어렵사리 일자리를 구해도 다섯 명 중한 명은 1년 이하의 계약직 신분인 것이다. 일자리 등을 둘러싼 세대간 갈등이 우리 사회의 '잠재적 뇌관'으로 꼽히는 까닭이다.

계층 이동의 수단으로 여겨지던 교육은 되레 계층 이동을 가로막는걸림돌로 변질됐다. 월 소득 700만 원 이상 가정의 월평균 사교육비는42만 8000원이다(〈그림 13〉). 이는 소득 100만 원 미만 가정 교육비(10만 2000원)의 네 배에 달한다. 그 결과 서울 지역의 서울대학교 합격자10명 중 일곱 명이 강남·서초·송파 등 강남 3구 출신이었다(2013년 정시 기준).

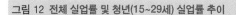

그림 12 전체 실업률 및 청년(15~29세) 실업률 추이

단위: %

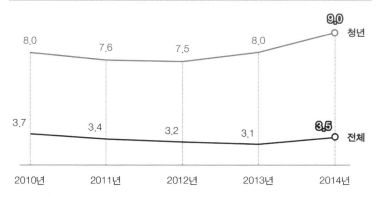

자료: 통계청, 「고용통계」(2014).

그림 13 소득수준에 따른 사교육 참여율과 사교육비 지출액

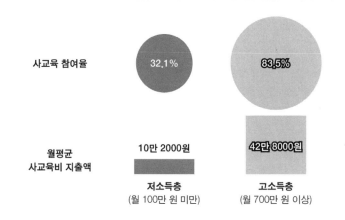

자료: 통계청, 「사교육비 조사」(2014, 2015).

향후 불평등 문제는 어떻게 전개될까? OECD는 최근 보고서에서 한국의 소득 불평등 수준이 추가로 악화될 것이라는 전망을 내놓았다. 2010년 기준으로 소득 상위 10% 선에 위치한 국민은 하위 10% 선인 국민에 비해 4.85배를 벌지만, 2060년에는 6.46배까지 확대된다는 것이다. 이렇게 되면 회원국 중 불평등 수준이 4위에서 3위로 악화된다.

대다수 경제학자들 역시 향후 한국의 불평등 정도가 심화될 것이라는 데 동의하는 분위기다. 최근의 빈부 격차 확대는 1990년대 중반부터 꾸준히 진행되어왔다. 시장 만능과 승자 독식을 두 축으로 하는 신자유주의 정책이 전 세계적으로 본격화된 결과다. 우리뿐 아니라 다른 나라도 정책의 변화 없이는 방향을 바꾸는 게 거의 불가능하다는 이야기다.

제조업의 쇠퇴와 금융 같은 서비스 업종의 부상 등, 산업구조의 변화도 빈부 격차를 벌리는 요인이다. 소수의 고숙련 근로자에게 부가 더욱 쏠리는 구조이기 때문이다. 과학기술의 발달은 저숙련 근로자의 일자리 감소로 이어질 공산이 크다. 성장률 저하도 소득분배 악화를 부추기고 있다. 실질 국내총생산 성장률이 1% 증가할 때 지니계수는 0.3% 포인트 감소한다는 게 학계의 연구 결과다. 한국의 잠재성장률은 현재 3% 중반에서 2018년 이후 2%대로 내려앉을 전망이다. 저출산·고령화의 늪에 빠지기 때문이다. 땔감(성장률)이 더욱 부족해지니 윗목의 온기가 아랫목까지 전해질 여지가 줄어드는 셈이다.

그렇다면 해법은 무엇일까? 전문가들은 시장소득과 가처분소득 등

대한민국 빈부 리포트

두 가지 소득의 불평등을 줄이는 방향으로 정책이 시행돼야 한다고 조언한다. 시장소득의 불평등 해소를 위해서는 교육의 평등성을 복원하는 동시에 대기업에 과도하게 쏠린 부를 중소기업에 되돌리는 경제민주화 정책이 필요하다. 서민과 중산층이 사교육 없이도 능력만 있으면 명문대에 입학할 수 있는 '교육 기회의 평등'이 확대되고, 고용의 88%를 맡는 중소기업이 성장하면 자연스레 부의 집중이 완화될 수 있다고 본다. 유종일 KDI 국제정책대학원 교수는 "중소기업 종사자나 비정규직의 노조 가입률이 증가하면 이들의 교섭력 강화로 최저임금 인상과 같이 서민의 시장소득이 증가하는 결과를 낳을 것"이라고 주장한다.

가처분소득 불평등 완화의 해법으로는 기업과 부유층을 대상으로 한 증세가 거론되고 있다. 법인세 최고 세율을 현행 22%에서 이명박 정부 이전인 25%로 복원하자는 것이다. '1억 5000만 원 이상 38%'인 현재 소득세 최고구간·최고세율을 '3억 원 이상 40~45%'로 끌어올리자는 의견도 나온다. 강병구 인하대학교 경제학과 교수(참여연대 조세재정개혁센터장)는 "중산층과 고소득층 이상에게 부담을 더 지우고, 그 재원을 바탕으로 근로장려세제EITC 등 근로빈곤층 등에 대한 지원을 확대하면 불평등 구조를 완화시킬 수 있을 것"이라고 말했다.

종합부동산세를 부유세로 개편하자는 목소리도 나오고 있다. 부채를 제외한 순자산 10억 원 이상 부유층을 대상으로 1~2%의 세금을 따로 부과하자는 논리다. 부동산만 주로 갖고 있는 중산층이 아닌 금융자산을 보유한 부유층을 증세 대상으로 삼기 위해서다.

이런 조치 등을 통해 서민과 중산층의 소득이 늘어나면 내수 활성화로 이어질 공산이 크다. 서민과 중산층은 증가한 소득 중에서 소비에 투입하는 비율인 한계소비 성향이 고소득층에 비해 높기 때문이다. 전성인 홍익대학교 경제학부 교수는 "프로야구에서 경기의 재미와 질을 높이기 위해 최하위 팀에게 신인 지명 우선권 등 특혜를 부여하지만 이를 불공정하다고 비판하는 목소리는 거의 없다"면서 "빈부 격차 해소 역시 비슷한 취지로 접근해야 한다"고 말했다.

관용 사라진 분노 사회, 임금 격차 줄이고
저소득층 대입 혜택 줘야

김호기 연세대학교 사회학과 교수는 2015년 2월 13일 서울신문 김상 연 특별기획팀장과의 대담에서 빈부 격차가 심화되고 있는 한국 사회를 '분노 사회'로 규정했다. 그러면서 "정부와 정치권의 결단이 필요하다" 고 강조했다. 독일 빌레펠트 대학교Universität Bielefeld에서 사회학 박사 학위를 받은 김 교수는 참여연대 정책위원회 위원장 등을 역임했다.

Q. 빈부 격차가 심해지면 어떤 사회적 문제가 발생하나

개인적 수준에서는 사회에 대한 불안과 분노가 증가하게 된다. 조직적 수준에서는 가족 해체나 붕괴, 나아가 생계형 범죄를 포함한 범죄율이 증가할 가능성이 있다. 사회적 수준에서는 사회 통합이 약화된다. 개 인이 사회에 갖는 소속감, 연대감이 약화되면서 사회 갈등이 증가하게 된다. 최근 한국 사회의 흐름은 '분노 사회'라고 볼 수 있다. 20대부터 60~70대 고령 인구까지 뭔가에 대해 분노하고 있다. 근본적인 원인은 불안이다. 10대에는 입시 불안, 20대에는 청년 실업, 30대에는 구조 조정, 40대에는 퇴출의 공포, 50대 이후부터는 노인 빈곤율 50%대 현실에 대한 노후 불안이 있다. 이런 불안은 타자에 대한 관용이나 인내로 이어지지 못하고 분노로 표출된다.

Q. 그래도 과거에 비해서 잘살고, 복지도 좋아진 것 아닌가

비교 시점을 1인당 국내총생산 100달러도 되지 않았던 1960년대 초반으로 둔다면 지금은 분명 잘사는 것이다. 그러나 비교의 시기를 외환 위기 직전으로 잡으면 달라진다. 한국 자본주의가 비교적 큰 어려움 없이 고도성장했던 마지막 시기가 노태우 정부와 김영삼 정부 때라고 생각한다. 그 후 1997년 외환 위기에 이어 신자유주의적 구조 조정이 계속 닥친 것이다. 1990년대 중반부터 현재까지 명목상의 1인당 GDP 는 올랐을 것이다. 그러나 실질적으로 '살아가는 수준이 과연 나아졌을까'를 보면 큰 차이가 없을 것이다. 민주화 세대는 오히려 외환 위기 이후에 삶이 갈수록 더 퍽퍽해지고 있다고 느낀다. 또 내가 언제 이 조직에서 떨려 나갈지 모른다는 불안감을 갖게 되는 것이다. 따라서 고도성장의 마지막 단계인 1990년대 초·중반과 비교해본다면 삶의 질은 거의 정체돼 있는 것이나 다름없다. 시간이 갈수록 나아져야 하는데 정체되니 더욱 불안해지면서 옛날에는 화려했던 것 같은데 현재는 빈곤하다고 느끼는 것이다.

Q. 성장률을 옛날처럼 높이는 게 힘들다면 빈부 격차를 해소할 수 있는 방법은 과연 무엇인가

정부가 개입해 소득 재분배와 노동시장 정책을 펴야 한다. 노동시장의 경우, 2014년 기준 한국의 비정규직이 받는 월평균 급여는 150~160만 원이다. 한국의 비정규직은 5인 미만 사업장까지 포함해 900만 명에 가까울 것이다. 전체 경제 인구의 3분의 1에 해당한다. 비정규직으로는 아이 한 명을 도저히 대학에 보낼 수 있는 상황이 아니다. 반값 등록금보다 효율적인 대책은 노동시장 정책이다. 노동시장에서 정규직과 비정규직의 임금격차를 줄이고, 한편으로는 최저임금을 올려야 한다.

Q. 비정규직 축소를 정부가 기업에 강요할 수는 없지 않은가

국가가 강제할 수는 없지만 사회적 타협은 가능하다. 정부가 중립적인 위치에서 개입해, 노사정 대화를 이끌어 중·장기적으로 비정규직을 줄이는 것을 모색할 수 있다.

Q. 소득 재분배를 위해서는 증세가 불가피한데

외국에 비해 한국은 조세부담률이 낮다. OECD의 평균 수준까지라도 올려야 한다. '증세 없이 복지 없다'는 원칙으로 접근해야 한다.

Q. 증세에 중산층·서민층도 포함돼야 하나

보편적 증세가 타당하다.

Q. 현재 하위 40% 이하는 소득세를 안 내고 있는데 보편적 증세의 범위는 어디까지 돼야 하나

하위 40%까지 세금을 걷자는 것은 아니다. 보편적 증세의 대상은 세금을 내는 60%가 되어야 한다. 부자만 세금을 내는 게 아니라 세금을 낼 역량을 갖춘 이들은 전부 다 세금을 내는 게 보편적 증세다. 다시 말해 '차등 과세'나 '형평 과세'라고 할 수 있다. 부자들은 더 많이 세금을 내도록 해야 한다. 중산층은 세금을 올리되 그 폭을 작게 해야 한다.

Q. 지금도 증세에 대한 반발이 심한데 가능할까

정치권과 정부의 결단이 필요하다. 증세 없이 어떻게 복지가 가능한가.

Q. 빈곤층에 대한 복지 혜택을 감안할 때 수치상의 빈부 격차가 과장돼 있다는 지적도 있다

복지 정책을 고려한다고 해서 소득분배 악화 상태가 크게 달라질 거라고 생각하지는 않는다. 이번 《서울신문》 '빈부 리포트'에서 보도됐듯 하늘과 땅 차이의 삶이 있다. 오히려 현존하는 빈부 격차를 인지하지 못하고 있는 게 문제다. 사회가 발전할수록 상류층과 빈곤층의 삶은 우리 시야에서 사라지게 된다. 언론에서 보도를 잘 안 하려고 하기 때문이다. 상류층은 대중으로부터 멀어지면서 숨어 생활하는 것처럼 살아간다. 가난한 사람들은 왜 우울한 삶만 보도하느냐고 한다. 빈부 격차가 과장됐다는 지적에는 빈부 격차의 실상을 보고 싶지 않은 바람이

들어 있다.

Q. 법인세 인상 주장에 대해서는 어떻게 생각하나

이명박 정부에서 법인세 인하가 이뤄졌는데 정말 잘못된 정책이었다. 한국의 법인세는 OECD 국가와 비교해 낮은 편이다. 이명박 정부 때 인하한 부분만이라도 원상 복구해야 한다. 연말정산을 둘러싼 다수 봉급자들의 불만도 기업들이 사내 유보금을 저렇게 많이 쌓아놨는데 우리가 왜 증세의 대상이 돼야 하는가 하는 것이다. 또 소위 고액 소득자들에 대한 훨씬 더 강력한 누진적 증세가 필요하다.

Q. 외국에서는 슈퍼리치가 스스로 자신의 세금을 올려야 한다고 주장하고 기부도 많이 하는데

의식의 문제다. 내가 번 부는 나 혼자만의 능력에서 온 것이 아니고 사회의 여러 도움 속에서 온 것이다. 그러므로 사회에 부를 환원해야 한다. 우리 사회는 자본주의 역사가 짧아서 그런지 이런 의식이 취약하다. 천민자본주의 성격이 두드러진다.

Q. 가난을 개인의 노력 부족 탓으로 보는 시각도 있다

부분을 전체로 환원시키는 오류이자 기계적 형식 논리다. 물론 게을러서 가난한 사람도 없지 않겠지만 몇 명 되지 않을 거다. 다수는 열심히 일해서 돈을 벌려고 한다.

Q. '개천에서 용 난' 사례가 적어지고 있다. 부의 대물림은 필연적 추세인가

자본주의가 구조화될수록 직업 이동, 즉 사회이동은 제한받게 된다. 과거 우리에게는 교육이라는 기회가 열려 있었는데 그것이 갈수록 좁아지고 있다. 명문대의 강남 학생 비중이 높아지고 있다. 예전에는 중산층이 교육을 통한 직업 이동의 원칙을 알았다고 하더라도 투자할 여유가 없었다. 하지만 지금은 핵가족이 되면서 아이가 하나 내지 둘밖에 없으니 아이에게 더욱 집중적인 투자를 하게 되고, 이런 투자의 격차가 성적의 격차로 나타나는 것이다.

Q. 그렇다면 해법은 공교육 강화인가

사교육으로 빚어진 격차를 공교육 강화로 완화할 수는 있지만 그 차이를 크게 줄이기는 어렵다. 그보다는 대학 입시 제도를 바꿔 실력이 있지만 교육 혜택을 적게 받은 빈곤층 학생들이 명문대에 많이 갈 수 있도록 보장해줘야 한다. 미국식 소수집단 우대 정책처럼 말이다.

Q. 빈부 격차가 심화되면 사회 갈등으로 폭발할까

폭발에 대해서는 모르겠다. 우리 사회가 활력을 잃어가는 것은 맞다. 한국 사회의 일본화다. 일본의 장기 불황 20년과 비슷해지고 있다. '안정된 일자리를 가질 수 있을까', '행복한 노후를 맞을 수 있을까' 등 사람들이 미래에 대한 전망을 못 갖고 불안해하는 것이다. 거칠게 말하면 '사회가 죽어가고 있는 것'이다. 불안과 체념과 분노가 반복되는 사

회일 가능성이 높다. 어떤 형태로든 브레이크를 걸어야 한다. 해결책은 사회적 대타협밖에 없다. 핵심 주체인 자본, 노동, 정부 간 역사적 타협 외에는 방법이 없다. 예컨대 아일랜드에서 이뤄진 협약의 경우 노조는 임금 인상을 자제하고 기업은 일자리 창출을 약속했다. 사회적 타협에서 중요한 것은 권한과 책임을 많이 갖고 있는 주체들이 적극적으로 나서는 것이다.

김낙년 동국대 경제학부 교수에게 듣다

상위 1%가 독식한 부富, 선별 복지가 대안
세 부담률 20% → 30%로 올려야

김낙년 동국대학교 경제학부 교수(낙성대경제연구소장)는 1930년 이후 한국의 소득 불평등 추이를 분석한 연구 결과를 3년 전에 내놓으면서 경제학계에 논란을 지폈다. 한국의 소득 불평등을 토마 피케티 파리경제대학École d'économie de Paris 교수식으로 분석한 전례 없는 논문이었다. 최근에는 한국의 소득 상위 10%가 전체 소득의 48.05%를 가져가는 반면, 소득 하위 40%의 소득 집중도는 2.05%에 그친다는 논문을 발표하는 등 빈부 격차 문제에 천착해 속속 '충격적인' 연구 결과를 내놓고 있다. 2015년 2월 13일 김 교수로부터 현재 대한민국 빈부 격차의 현주소에 대해 들어봤다.

Q. 발표하신 논문을 보면 빈부 격차가 믿기 어려울 정도인데, 이는 우리 사회가 감내할 수 있는 수준인가

이런 정도면 문제가 상당히 심각하다. 소득 비중 통계가 있는 20여 개국 중 미국의 상위 1% 소득 비중이 가장 높고, 한국이 그다음이다. 더 큰 문제는 한국에서 상위 1%에 대한 쏠림이 갈수록 심화되고 있다는 것이다. 1990년대 중반까지만 하더라도 한국의 상위 1% 소득 비중은 세계에서 중간 정도였다. 지난 20년 동안 소득 불평등이 급속히 악화 됐다는 이야기다. 악화 속도도 이례적으로 빠르다.

Q. 왜 이렇게 악화되었나

고도성장기에는 성장의 과실이 고소득층뿐 아니라 밑으로까지 확장된 다. 한국이 두 자릿수에 가까운 성장률을 기록했던 1990년대 중반 이 전까지는 소득 불평등이 낮은 수준으로 안정됐으나 이후에 불평등도 가 급증하기 시작했다. 1990년대까지만 하더라도 한국은 저임금을 무 기로 선진국 일자리를 빼앗는 구조였다. 하지만 1992년 한중 수교 이 후 중국 업체에 밀려난 국내 기업들이 문을 닫거나 해외로 공장을 옮겨 야 했다. 이에 따라 막대한 일자리를 만들던 제조업의 일자리 창출 능 력이 크게 떨어졌고, 사람들은 제조업이 아닌 서비스업에서 일자리를 찾아야 했다. 서비스업의 대표적 업종은 통닭집이나 여관 등 도소매와 음식·숙박업인데, 이 업종은 인구당 업소 숫자가 과다하고 수익률도 크게 낮기 때문에 투자한 사람들의 소득이 떨어질 수밖에 없었다. 이 처럼 고용 없는 성장 과정에서는 '숙련 편향적 기술 진보' 현상이 나타 난다. 금융, 의료 등 숙련 노동자가 주로 일하면서 부가가치 창출 능력 이 뛰어난 산업만 성장한다는 이야기다. 그러나 이런 산업들은 일자리 창출 능력이 부족하다. 제조업의 쇠퇴와 질 낮은 서비스업의 과포화,

고부가가치 서비스업 활성화 등의 요인이 겹치면서 고소득층은 돈을 더 벌고 저소득층은 소득이 떨어지는 결과를 낳은 것이다. 반면 고소득층이 갈수록 부유해지는 현상에 대해선 외환 위기 이후 국내 기업 경영 방식의 변화를 살펴야 한다. 전문 경영인 체제, 성과 지향적 급여 체제, 스톡옵션stock option 등 미국식 기업 지배 구조가 보편화되면서 고소득층의 소득이 급증하는 결과를 낳았다. 신자유주의 정책 확산에 따른 세제 정책의 변화도 배경으로 지적할 수 있다. 1980년대만 하더라도 한국의 소득세 최고세율은 70%에 달했다. 미국도 한때 92%를 기록했다. 그런데 신자유주의 바람이 불기 시작한 1980년대 이후부터 세율의 누진성이 크게 후퇴했다. 최고세율이 38% 정도로 하락했다. 고소득층이 저축이나 자산소득으로 부를 축적할 수 있는 여지가 더욱 커진 것이다.

Q. 피케티는 역사적으로 세계대전, 대공황 같은 충격파가 없이 빈부 격차가 크게 좁혀진 적이 없다면서 누진세 강화와 같은 정부의 개입이 불가피하다고 주장하는데, 이에 대해 어떻게 생각하나

자본축적이 높아지면 자연스럽게 자본에 의한 소득이 전체 소득에서 차지하는 비율이 높아진다. 주로 자본을 가진 이들은 고소득층이다. 그만큼 불평등도가 심해진다는 이야기다. 기존에 중요했던 근로소득 비중은 축소되지만 자본소득 비중은 커지면서, 그에 따른 세습 자본주의의 모습이 나타나는 상황이다. 이는 19세기 유럽과 닮은 형태다. 자

본소득 중심으로 변모하는 속도가 매우 빠른 만큼 누진세나 사회보장 제도 등의 강화가 필요하다고 강조하는 것이다.

Q. 소득세 최고세율을 80%로 높이자는 피케티의 주장에 동조하나

세금을 부과하면 당연히 그에 따른 사회적 비용이 발생한다. 소득세가 과도하면 사람들에게서 더 많은 돈을 벌 의욕이 줄어들면서 사회 전체적으로 성장이 더뎌질 것이다. 반대로 걷은 세금을 재원으로 가난한 이들에게 복지 혜택을 더 많이 부여하면 내수 확대 등의 효과가 나타날 것이다. 이와 같이 어느 정도의 사회적 비용 발생이 사회 전체적으로 이득이냐를 놓고 피케티가 경제학적으로 따진 수치가 80%이다. 예전에는 최고세율이 80%면 과도하게 높다고 생각되었지만 북유럽 등 고복지 국가에서는 실제로 세율이 높다.

Q. 현재 한국의 소득세 최고세율(38%)을 높여야 한다고 보나

사회적 합의가 필요하다. 현재 소득 상위 20%가 전체 소득세의 80% 가까이를 낸다. 하위 40% 이하는 거의 부담하지 않는다. 이 상태에서는 소득세 누진율을 강화해도 세금을 늘리는 데 한계가 있다. 한국의 소득세에는 누진성이 과도하게 적용되고 있다. 반면 외국의 경우 서민들 역시 소득세를 낸다. 특히 유럽은 보편 복지를 추구하기 때문에 보편 과세를 한다. 일단 우리 국민의 전체 세 부담률은 소득 대비 20%대에 그친다. 이를 30%대까지 끌어올려야 한다. 유럽의 경우 40~50%대

다. 관건은 어떻게 세율을 높일 것인가이다. 방식은 소득세나 법인세, 부가가치세 등을 올리는 것인데 이에 대해 사회적 합의가 필요하다. 개인적으로 보편적 복지는 우리 실정에서 대안이 아니라고 본다. 보편 복지로 가려면 그만큼 국민들이 많이 부담해야 한다. 그런 면에서 선별적 복지가 대안이라고 생각한다. 선별적 복지를 한다면 세 부담이 늘어나더라도 이를 조절할 수 있다. 만일 세제의 누진성을 높인다면 이미 누진성이 강한 소득세는 대안이 아니다. 연금, 의료보험 등 사회보장기여금의 누진성을 강화하는 게 대안이다. 사회보장기여금은 단일세의 성격이 강하기 때문이다. 간접세 인상의 경우 향후 통일 재원으로 활용해야 하는 일종의 '보험'인 만큼 건드려서는 안 된다는 주장도 많다. 하지만 간접세 자체가 나쁜 건 아니다. 간접세의 경우 사회적 반발이 적은, 징수 효율이 높은 세제다. 고복지 국가의 경우 간접세를 많이 활용한다. 그다음에 많이 돌려주는 식이다. 간접세가 역진적이라고만 비판하는 것은 문제가 있다. 전체 세수를 보고 세원별 균형을 어떻게 잡을 것인지 종합적으로 판단해봐야 한다.

Q. 법인세 인상 주장에 대해선 어떻게 생각하나

법인세는 전 세계적으로 세율 인하 경쟁이 붙은 상태다. 이런 상황에서 법인세율을 높이는 것은 부담스럽다. 또한 법인세 인상은 그 회사에 다니는 직원들의 처우에 영향을 주는 등 여러 비용으로 부유층뿐 아니라 중산층이나 근로자에게도 그 부담이 전가된다. 의식을 못할 뿐이지 인상된 법인세가 다른 형태로 국민들에게 부과되는 셈이다. 정치적으로 법인세율을 높일 수 있어도 법인세 인상 자체로 세수 부족이나 복지 재원 마련 문제가 해결된다고는 보지 않는다.

Q. 소득 불평등 해소를 위한 누진세 강화는 동의하지만 구체적으로 증세를 어떻게 할지는 논의가 더 필요하다는 이야기인가

그렇다. 소득 재분배를 통해 빈부 격차를 해소하기 위해서는 복지 정책을 어느 정도의 수준으로 시행할 것인가에 대한 사회적 합의가 필요하다. 이게 정해지면 재원이 어느 정도 필요하고, 어떻게 마련할 것인가를 선택할 수 있을 것이다. 박근혜 대통령은 '증세는 없다'는 입장을 고수하고 있지만 3년 연속 이어지고 있는 현재의 세수 부족 사태에 무대책으로 일관하는 것은 비현실적이다. 야당 역시 장기 계획 없이 증세만 주장하는 것은 문제가 있다. 양쪽 모두 증세를 정쟁의 대상으로만 삼을 게 아니라, 다음 대통령 임기까지 감안해 세목별 부담을 어떻게 배분할지 치밀하게 논의해야 한다. 특히 증세를 한다면 부자는 물론 중산층 역시 부담을 늘려야 한다. 아예 면세 대상인 저소득층도 수혜자 부담 원칙에 입각해 조금이라도 세금을 내는 게 바람직하다.

절대 빈곤층과 상위 1%의 대담

막노동마저 없을 때 더 많아 …… 가난 대물림
살 만한데도 아기 셋 뒀다고 보육료 주더라

'대한민국 빈부 리포트'를 취재하면서 만난 상위 1% 부유층과 하위
9.1% 절대 빈곤층은 의외로 서로에 대한 관심이 적었다. 너무 다른 환
경에서 생활하다 보니 만날 기회가 거의 없었고, 그래서 서로를 마치
'딴 세상'에 사는 것처럼 인식하는 듯한 느낌이었다. 이에 따라 서울신
문은 상위 1%와 절대 빈곤층의 만남을 주선했다.

이탈리아 명품 수입업체 '듀오' 대표인 이충희(60세) 씨는 자수성가
해 상위 1%로 도약한 사업가다. 그는 6·25 전쟁 직후에 태어나 가난한
윤리 교사였던 아버지 밑에서 8남매로 자란 탓에 배를 주린 날이 많았
다. 대학 졸업 후 특급 호텔 면세점장을 거쳐 1993년 명품 수입업을 시
작해 성공한 그는 장학재단을 설립하고 사회복지공동모금회인 '아너소

상위 1% 부유층에 속하는 이충희(왼쪽) 씨와 하위 9.1% 절대 빈곤층에 속하는 김동민(오른쪽) 씨가 서울 중구 태평로 서울신문사 내 회의실에서 대화를 나누고 있다.

사이어티|Honor Society'(1억 원 이상 고액 기부자 모임)에 가입하는 등 활발한 기부 활동을 벌이고 있다.

독신인 김동민(45세) 씨는 충남 서산에서 초등학교를 졸업한 뒤 무작정 상경해 노숙과 쪽방 생활을 하며 구두닦이와 신문팔이 생활을 전전했다. 현재 서울의 한 매입 임대 빌라에서 살면서 한 달 수입이라고는 열흘 정도 공사장에서 일용직으로 노동해 버는 80~90만 원이 전부인 전형적 절대 빈곤층이다.

두 사람은 2015년 2월 16일 서울신문사 회의실에서 김상연 특별기획팀장의 사회로 진행된 대담에서 공감과 이견을 오가며 열띤 토론을 벌였다.

Q. 평소 빈부 격차 문제에 대해 어떤 생각을 갖고 있나

김동민(이하 김) 없는 사람은 너무 없고 있는 사람은 차고 넘치는 현실이다. 나 같은 서민은 아무리 열심히 일해도 최저생계비에도 못 미치

는 소득으로 한 달을 버텨야 한다. 빈곤층은 가난에서 벗어나려고 노력해도 올라갈 가능성이 없고 현상이 유지되거나 오히려 떨어지기만 하는 것 같다.

이충희(이하 이) 빈부 격차는 국내뿐 아니라 세계적으로 있는 문제다. 특히 국민소득이 높아질수록 빈부 격차는 필연적으로 벌어진다. 결국 빈부 격차를 사회현상으로 받아들이고 노력해서 가난에서 벗어나는 수밖에 없다. 문제는 빈곤에서 탈출하는 데 걸리는 시간이다. 만약 노력을 통해 현세대가 가난에서 벗어날 수 없다면 다음 세대라도 좋은 환경에서 살 수 있도록 기반을 만들어줘야 한다. 나도 어릴 때 배급쌀을 받아먹을 만큼 형편이 어려웠지만 교사였던 아버지가 대학 등록금을 내 주신 덕에 가난에서 벗어날 수 있었다.

김 노력해서 돈을 벌고 적금도 넣고 재산을 불리면 좋다. 그런데 열심히 돈을 버는 것만큼 물가도 올라버리니 돈을 모을 여유가 없다. 예를 들어 담뱃값만 보자. 이 대표님은 담배를 태우시나.

이 피우지 않는다.

김 나는 피운다. 담배는 서민의 기호 식품이나 다름없다. 그런데 가격이 하루아침에 2500원이나 오르니 힘들다. 서민들은 "안 오르는 건 내 월급밖에 없다"고 한다. 조금씩 저금해서 돈을 모으면 물가가 그만큼 올라가 저축한 효과가 없어진다.

이 커피값 4000원을 30년간 모아 복리 이율을 적용하면 2억 1400만 원이 된다. 4500원 하는 담뱃값을 모아도 마찬가지다. 나는 20여 년 전

직장을 그만두고 통장에 있는 800만 원으로 장사를 시작했다. 이후 최대한 돈을 안 쓰려고 노력했다. 출장 갈 때는 코펠을 갖고 다니며 라면을 끓여먹고 중국집에 가도 백반을 시켜 자차이(중국식 채소 반찬)와 함께 먹는 게 전부였다. 그렇게 10년을 안 쓰니 돈이 모이더라. 버는 건 내 마음대로 안 될 수 있지만 쓰는 건 의지로 조절할 수 있다.

김　나도 '담뱃값을 모아볼까' 하는 생각을 안 하는 건 아니다. 하지만 몸 쓰는 노동을 하면 육체적으로 너무 힘들다. 공사장에서 힘들 때 담배 한 대 피우며 쉬는 게 유일한 낙이다. 막노동하고 오면 너무 힘드니 저녁에 술 한잔 하게 되고, 그러면 아침에 술이 깨지 않아 일을 나가지 못하기도 한다. 그래서 여태껏 모아둔 돈이 없다. 노후를 생각하면 저축해야 하는데 저축하는 습관도 안 되어 있고 월세, 공과금 내고 나면 남는 게 없다.

Q. 더 이상 개천에서 용이 나지 않는다고 한다. 사교육비가 워낙 많이 들어 빈부의 대물림이 고착화되고 있다는 지적인데

이　사실이다. 예전에는 다들 어려웠다. 그래서 누구든 조금만 열심히 공부하고 노력하면 성공할 확률이 높았다. 하지만 이제는 가정 형편이 전체적으로 좋아졌고 경쟁이 심해졌다. 있는 집에서는 초등학교 입학 전부터 해외 연수를 보낸다고 하지 않나. 그렇다고 하더라도 없는 사람이 부자가 될 수 있는 방법은 여전히 교육밖에 없다. 공부하는 데 돈이 많이 들어가긴 하지만 독서와 어학 공부는 자기 노력으로 할 수 있

다고 본다. 내가 올해 환갑인데 요즘도 오전 5시 30분이면 일어나 7시면 출근한다. 사무실 책상과 집, 차에 각각 돋보기를 두고 한 달에 책 두세 권씩은 읽는다. 독서는 내가 사회에서 버틸 수 있는 유일한 힘이다. 정부에서 복지를 강조한다고 해도 결국 밥 굶는 사람에게 밥 한 끼 주는 수준일 뿐이다. 결국 내가 부지런해야 빈곤에서 탈출할 수 있다.

김　가난한 사람이 학력까지 떨어지면 가난에서 벗어나기 아주 어렵다. 나처럼 배운 게 없으면 공사장에서 막일하는 것 말고는 다른 할 일이 없다. 그마저도 꾸준히 일감이 있는 게 아니다. 겨울철에는 공사는 없는데 일하려는 사람은 많아서 일주일에 1~2일밖에 일하지 못한다. 한 달에 10번 일하면 많이 한 건데 수입은 80만 원 정도밖에 안 된다.

Q. 빈곤층을 위한 복지 정책이 충분하다고 생각하나

김　한참 부족하다. 최근 지적장애인 언니를 혼자 돌보며 어렵게 살던 20대 여성이 자살한 사건도 있지 않았나. 박근혜 정부가 서민 정책을 펴겠다고 했는데 담뱃값 올리는 것만 봐도 더 이상 못 믿겠다. 없는 사람은 없어서 세금을 못 낸다. 있는 사람이 조금 더 내서 없는 사람과 어울려 살 수 있다면 좋을 것 같다.

이　기본적으로 복지는 확충해야 한다. 문제는 재정이 어느 정도 받쳐줄 수 있느냐다. 없는 사람에게 복지 혜택이 집중돼야지, 모두에게 무상보육이나 무상급식을 하면 실제 필요한 사람의 몫이 줄어든다. 선별적 복지로 가야 한다. 내 딸이 아기가 세 명인데 매달 국가에서 보육료를 준다고 한다. 왜 우리 딸처럼 살 만한 사람에게까지 돈을 주는지 모르겠다.

Q. 가난한 사람을 두고 '게으르다'고 하거나 부자에게 '운이 좋다'고 하는 등 부정적인 고정관념도 있는데

김 '게으르니까 가난하다'는 생각은 편견이다. 이 대표님이 새벽 5시에 일어난다고 했는데 막노동하는 사람 중에도 새벽 2~3시에 일어나는 사람이 많다. 일감 구하러 새벽 인력시장에 나가거나 폐지를 주어야 하니까. 열심히 하면 그만큼 대가가 따라와야 하는데 그렇지 못한 경우도 많다. 아무리 열심히 일해도 서민은 계속 서민일 뿐이다. 부자는 그만큼 노력해서 부를 쌓았다는 생각도 들지만 돈이 돈을 낳는 것 같기도 하다.

이 부자에 대한 사회적 편견을 반박하고 싶지는 않다. 다만 부자가 그냥 된 게 아니라는 점을 알아줬으면 좋겠다. 물론 재산을 물려받은 사람도 있지만 고생 끝에 부를 쌓은 사람도 있다는 걸 인정해줬으면 한다. 부자를 보면 어떻게 부자가 됐는지 배우려고 할 필요가 있다.

Q. 빈부 격차 해소를 위해 부유층이 할 수 있는 역할은 무엇일까

이 있는 사람은 없는 사람을 배려해야 한다. 부를 자녀에게 상속해주고 싶은 욕구는 본능이기는 하지만 재산의 일정액을 사회에 환원하려는 노력이 필요하다. 나는 부유층 사이에서 이런 인식이 점점 더 퍼질

것이라고 낙관한다. 일례로 '아너소사이어티' 회원이 4년 전에는 40~50명뿐이었는데 지금은 700명을 넘어섰다.

김 일부 공감한다. 그런데 사회적 책임을 다하는 부유층이 많지는 않은 것 같다. 요즘 '땅콩회항' 등 갑질 횡포 뉴스를 보면 그런 생각이 더 든다.

Q. 빈부 격차 해소를 위해 고소득층의 세금을 더 올려야 한다는 주장도 있는데

이 부자에게 과세해서 나눠쓰자는 이야기에 뭐라 하고 싶지는 않다. 어차피 아무리 부자여도 자기 돈의 5%도 못 쓰고 죽으니까. 한 끼 먹는 데 쓰는 비용은 다르겠지만 김 선생님이나 나나 세끼 밥 먹는 건 똑같다. 문제는 지나친 과세가 근로 의욕을 떨어뜨릴 수 있다는 데 있다.

김 기업 운영하시는 분들이 세금을 얼마나 내는지 모르겠지만 우리 같은 저소득층도 공과금이 밀리면 통장에 몇 푼 안 되는 돈을 지급 정지시켜 못 쓰게 한다. 많이 버는 분들이 세금을 더 냈으면 좋겠다.

Q. 오늘 대담을 통해 생각이 달라진 게 있나

이 김 선생님 말씀을 들어보니 가난을 벗어나기가 참 쉽지 않다는 생각이 든다. 일하고 싶어도 일할 기회가 없다는 말씀이 가슴에 와 닿았다.

김 생각이 많이 바뀌었다. 적지만 100만 원이라도 벌면 반의 반 정도는 저금을 해야겠다는 생각이 들었다.

독자권익위원들의 취재팀 청문회

"빈부 격차에 대한 사회적 분노를 완화할 대안 찾아야 할 것"

이청수 연세대 교수

"차상위층 빈곤이 더 심해, 노령연금 안 나와서 한 달 동안 라면만 먹기도"

이두걸 서울신문 기자

"진작 강남에 집 샀으면 부유층과 비슷하게 살았을 텐데 …… 심정 들어"

권성자 '책 만들며 크는 학교' 대표

"구걸 체험으로 번 돈이 폐지 줍는 분보다 많다는 댓글 보며 팍팍한 현실 실감"

유대근 서울신문 기자

"복지 사각에 갇힌 이들 정책적 대안 나오게 집중 조명해줬으면"

박준하 전 이화여대 학보사 편집장

"특급 호텔 부자 체험하며 상대적 박탈감에 빠져 다른 세계에 사는 느낌"

송수연 서울신문 기자

"팩트를 있는 그대로 소개, 기존 기획기사와 차별화, 독자에게 판단 기회 줘"

김상연 서울신문 특별기획팀장

빈부 기사 읽기 싫을 만큼 분노 치밀었다
두 개의 나라로 느껴질 만큼 격차 커졌다

서울신문은 2015년 2월 16일 서울신문사 회의실에서 '대한민국 빈부 리포트'와 관련해 독자권익위원들이 독자 입장에서 취재팀에게 궁금증을 질의하는 청문회 형식의 자리를 마련했다. 서울신문 독자권익위원으로 활동 중인 이청수 연세대 행정대학원 겸임 교수, 권성자 '책 만들며 크는 학교' 대표, 박준하 전 이화여대 학보사 편집장이 질의에 나섰고, 서울신문 특별기획팀의 김상연 팀장, 이두걸·유대근·송수연 기자가 답변했다.

권 위원   이번에 빈부 리포트를 기획하게 된 계기는 무엇인가.

김 팀장   지난해 화제가 된 책 한 권 때문이다. 프랑스의 경제학자 토마 피케티의 『21세기 자본』을 읽으면서 한국의 빈부 격차 실상은 과연 어떨까 하는 궁금증이 생겼다. 책에 나오는 수치가 아니라 실생활을 취재해서 독자들에게 보여줘야겠다는 생각이 들었다. 그동안 부자나 빈자의 생활상을 따로따로 단편적으로 다룬 기사는 있었지만, 두 계층을 정식으로 낱낱이 비교해 심도 있게 드러낸 기사는 없었다.

이 위원   부유층과 빈곤층의 삶을 대조해 생중계하듯 보여줬는데 기자들의 목소리와 전문가 해석이 매 회 곁들여지지 않아 아쉬웠다.

김 팀장   기존 기획 기사들과 차별화하고 싶었다. 처음부터 기자가 원인을 분석하고 해법을 몰아가는 관습적 방식을 버리고 겸손하게 팩트를 있는 그대로 소개함으로써 독자들에게 판단의 기회를 주자는 의도였다. 그래서 분석과 해법 소개를 시리즈 말미로 미룬 것이다.

박 위원 기사에 등장한 빈곤층과 부유층의 사례가 너무 극단적인 것은 아닌가.

김 팀장 극과 극을 알아야 우리가 처한 위치를 정확히 분석하고 해법을 도모할 수 있다고 생각했다.

유 기자 내가 직접 구걸에 나섰던 '걸인 체험' 기사에 달린 댓글 중 가장 공감을 많이 산 내용이 무엇이었을까. "하루 종일 구걸로 1만 3110원 벌었다고 했는데 폐지 줍는 분들보다 많이 버셨네요"라는 댓글이었다. 우리는 극단적 상황을 보여주려고 했는데 현실은 더 극단적이고 절박할 수 있겠구나 싶었다.

권 위원 독자들로부터 직접적으로 받은 반응이 많았나.

송 기자 많았다. 돈이 없어 화장품을 안 쓰는 주부의 사연을 보도했는데, 그 기사를 보고 한 독자가 회사로 전화를 걸어와 "화장품을 보내주고 싶다"고 해 빈곤층 주부에게 전달해줬다. 또 한국외국어대 영어교육과 교수와 학생들이 기사에 소개된 빈곤층 학생에게 영어를 가르쳐주겠다고 나서기도 했다.

이 위원 기사에서는 상위 1% 부유층의 기준을 금융자산 10억 원을 포함해 개인 순자산 3억 원 이상, 연 소득 1억 5000만 원 이상으로 잡았다. 그런데 한국은 땅값이 비싸 순자산 40억 원을 가진 '부동산 거지'들도 많다.

이 기자   우리가 자의적으로 만든 기준이 아니다. 누구를 부유층으로
볼 것이냐를 판단할 때는 순자산과 금융자산이 핵심이다. 기준을 10억
원으로 정한 건 미국 등 전 세계적으로 부유층 여부를 가릴 때 금융자
산 100만 달러(약 10억 원)를 기준으로 보기 때문이다. 한국에서 금융자
산 10억 원을 가졌다면 실제로는 상위 0.6~0.7% 안에 들겠지만 부유층
기준을 최대한 엄격히 하자는 취지로 10억 원을 상위 1% 기준으로 삼
았다. 이번에 상류층 취재를 하면서 느낀 건 우리 주변에 이 기준을 충
족하는 상류층이 생각보다 많다는 점이었다.

박 위원   부유층은 상위 1%로 잡았는데 절대 빈곤층은 왜 하위 9.1%를
대상으로 삼았나.

유 기자   원래는 상위 1%와 하위 1%를 비교하려고 했다. 하지만 하위
1%를 뽑는 건 통계적으로 어려웠다. 한 가구의 소득수준은 세금을 낸
기록을 통해 알 수 있는데 벌이가 거의 없는 극빈층은 세금을 내지 않
기 때문이다. 대신 최저생계비(4인 가족 월 소득 166만 8329원) 이하의
절대 빈곤층을 대상으로 하자는 데 의견이 모였다. 기초생활보장 수급
자뿐 아니라 '송파 세 모녀'처럼 부양 의무자가 있다는 이유 때문에 수
급권이 없는 매우 가난한 사람들까지 절대 빈곤층으로 본 것이다.

이 기자   빈곤층을 직접 만나보니 기초생활보장 수급자보다 차상위계
층이 더 어려운 경우가 많았다. 50만 원이라도 수급비를 받으면 어떻
게든 먹고사는데 차상위계층은 소득이 한 달에 10만 원 이하인 경우도

있고, 어떤 사람은 노령연금이 안 나와서 한 달 동안 라면만 먹었다고 하더라. 그 정도로 차상위계층의 빈곤이 심각했다. 그래서 기초생활수급권자뿐 아니라 그분들도 절대 빈곤층에 넣어야 합리적이라는 생각이 들었다.

권 위원 내 주위의 50대들이 빈부 리포트 기사를 보면서 "분노라는 감정이 먼저 들었다"고 이야기하더라. 일찌감치 강남에 집을 샀으면 기사에 나오는 부유층과 비슷하게 살 수 있었을 텐데 하는 심정에 "분노가 솟구쳐 기사를 읽다가 보기 싫어지더라"는 반응이 있었다. 현장을 취재한 기자들은 상위 1%에 대해 어떤 감정이 들었나.

송 기자 김호기 연세대 교수도 지금 우리 사회를 '분노 사회'라고 규정했다. 취재를 하면서 생활 하나하나를 뜯어보니 '대한민국에 두 개의 나라가 존재한다'고 표현할 수 있을 만큼 예상보다 빈부 격차가 심했다. 개인적으로 분노보다는 박탈감을 느꼈다. 서울의 한 특급 호텔에서 부자 체험을 하면서 '여기에 오는 사람들은 정말 나와 다른 세계에 살고 있구나' 하는 생각에 내 몸짓이 그 공간에서 이질적으로 보일까 걱정이 될 정도였다.

유 기자 이 기획을 준비하면서 우리는 화려한 부유층 생활상만 관심을 끌고 빈곤층 기사는 안 읽히면 어쩌지 하고 걱정했다. 그런데 막상 보도가 시작되자 부유층 기사보다 빈곤층 기사가 훨씬 많이 읽혔다. 현장에서 만난 극빈층을 이해하는 키워드는 '분노'보다는 '무력감'이었다. 삶이 워낙 고달파서 '왜 나는 아등바등 사는데 가난할까. 구조적 원인이 있지는 않을까' 하는 생각 자체를 안 하는 이들이 많았다.

김 팀장 부유층 기사에 달린 댓글 중에는 '왜 이런 기사를 써서 화나게 하느냐'는 의견이 많았고 빈곤층 기사에는 '우울하게 왜 이런 기사를 쓰느냐'는 댓글이 많았다. 현재 우리 사회의 문제는 어쩌면 빈부 격차의 현실을 애써 외면하려는 태도일 수도 있다. 알지 못하면 해결할 수 없다. 프랑스 루이 16세Louis XVI의 왕비 마리 앙투아네트Marie Antoinette가 배고픔을 호소하는 백성들에게 "빵이 없으면 케이크를 먹으면 되지"라고 말했다는 것도 빈곤에 대해 무지했기 때문 아닐까.

이 기자 빈부 리포트 이후에 한국 언론이 추가로 짚어야 할 부분은 무엇이라고 생각하는지 궁금하다.

이 위원 빈부 격차에 대한 사회적 분노를 완화할 수 있도록 대안을 찾아야 할 것 같다.

권 위원 상하위 1% 간 소통할 수 있는 방법이 무엇인가를 찾아보는 게 중요할 듯하다. 우리 국민 중 다수가 중산층이라고 본다면 이 중산층이 양극단의 1% 사이에서 소통의 이음새 역할을 할 수 있지 않을까 하는 생각이 든다. 정부에만 맡기지 말고 국민끼리 소통해 해결할 수 있는 방법을 찾아봤으면 한다.

박 위원 복지 사각지대에 있는 이들을 부각시켜 정책적 대안이 나올 수 있도록 유도해줬으면 좋겠다.

지은이

김 상 연

1995년 서울신문에 입사해 사회부, 경제부, 정치부, 워싱턴 특파원 등을 거쳤다. 1차 남북이산가족 상봉 평양 현지 취재, 이라크 전쟁 자이툰부대 종군 취재, 쿠바 관타나모 수용소 현지 취재 등의 경험을 무용담처럼 떠벌리는 버릇이 있지만, 초년 기자 시절 불우한 이웃에 대한 기사를 써서 독자들의 온정이 답지했던 일을 가장 보람 있었던 기억으로 간직하고 있다.

이 두 걸

대학에서 종교학을 공부했지만 학회와 술자리, 록 음악을 사실상 전공으로 삼았다. 문화부 기자를 꿈꾸며 2002년 서울신문에 입사한 뒤 '숫자'의 울림에 매료돼 경제부에서 주로 기사를 썼다. 2013년 1년간 미국 조지아대 비즈니스 커뮤니케이션 프로그램(BCP) 객원 연구원을 지냈다. 특별기획팀을 거쳐 현재 사회부에서 법조팀장을 맡고 있다.

유 대 근

2008년 서울신문에 입사해 사회부 사건팀과 경제부, 국제부 등을 거치며 국내외 다양한 군상들이 살아가는 모습을 관찰해왔다. 교육 분야에 관심이 많으며 돈이 많든 적든 모든 이가 최소한 사람대접을 받으며 살아가는 세상을 꿈꾼다.

송 수 연

2011년 서울신문에 입사해 정치부, 특별기획팀, 사회부 법조팀 등을 거치며 좌충우돌하고 있다. 기자가 되긴 했는데 아직 '괜찮은' 기자가 되기에는 갈 길이 먼 것 같다고 생각한다. 강자에게 강하고, 약자에게 따뜻한 기자이고 싶다.

대한민국 빈부 리포트

절대 빈곤층과 상위 1%, 두 국민의 이야기

ⓒ 주식회사 서울신문사, 2015

지은이 **서울신문 특별기획팀 김상연 · 이두걸 · 유대근 · 송수연** | 펴낸이 **김종수** | 펴낸곳 **한울엠플러스(주)**
책임편집 **이수동** | 편집 **허유진**

초판 1쇄 인쇄 **2015년 12월 18일** | 초판 1쇄 발행 **2015년 12월 28일**

주소 **10881 경기도 파주시 광인사길 153 한울시소빌딩 3층** | 전화 **031-955-0655** | 팩스 **031-955-0656**
홈페이지 **www.hanulmplus.kr** | 등록번호 **제406-2015-000143호**

Printed in Korea.
ISBN 978-89-460-6102-6 03300
* 책값은 겉표지에 표시되어 있습니다.